心理学者
植木理恵

「やる気」を育てる！

科学的に正しい好奇心、
モチベーションの高め方

日本実業出版社

はじめに　本書の読み方

あなたにも経験がないだろうか。

頑張りたいのに、やる気がわかない、そう焦った経験が。先生や上司から、いくら熱心に教えてもらっても、やる気が出ないのはどうしようもない、と感じたことが。

勉強でも仕事でもスポーツでも、やる気を持てないことに対して、人はそもそも集中することができない。その結果、いつまでたっても上達しない。だから、ますます面白くなくなる。

そればかりか、やる気を感じない状態を放置したまま生きていたら、新しいことに気づく力がどんどん衰える。あきらめ感やテンションの低さが続けば、メンタルヘルスにも深刻な影響が出てくる。

だから、やる気を育てること、**つまり「やる気の出し方」を示すことは、成績アップや労働効率アップの問題にとどまらず、生活のクオリティをも左右する重要なポイ**

ントなのだ。

やる気を育てることは、人の心を育てることにつながるのだ。

あなたの周りの人（部下、後輩、子ども、生徒など）のやる気は、十分に育っているだろうか？　やる気を育むことをスルーして、**ただやみくもに「いいから頑張って！」と、仕事や勉強をゴリ押ししてはいないだろうか。そしてそれは、双方にとって途方もなく疲れることではないだろうか。**

また、あなた自身はどうだろう。

もし、やる気が出てこないとしたら、それは自分がダメな性分だから、と思い込んではいないだろうか。まったく、あなたのせいではないのに……。

やる気が出ないのはあなたのせいではなく、あなたが「やる気の出し方」を教わる機会がなかったせいである。ただ、方法を知らないだけなのである。

本書は、こうしたやる気の問題に関する解決策をまとめている。

私は心理学を専門としているが、そのなかでも特に「モチベーションの理論」や「意欲のメカニズム」について詳説する。そして、その理論がどのように、実際の子育てや教育、人材育成に応用していけるのかということを、具体的に提案していこうと思っている。あなたが持っている「やる気観」を、ちょっと足をとめて見直してもらう機会になれば幸いだ。

そこで、唐突ではあるが、本書を読んでいただくにあたって一つお願いしたいことがある。

それは、僭越ながら、あなたがいま現在すでに持っているモチベーション論や子育て論を、一度ポケットのなかにしまっていただけないか、ということである。

つまり、あなたがこれまで培ってきた「やる気アップの法則」があるとしたら、それをいったん手放し、素手の状態で本書に挑んでくれないだろうか、というお願いである。

「やる気を育てる」というテーマは、果てしなく広いテーマである。だから、人材育成をする立場の人や教育者、父母の数だけ、それぞれの考え方が存在すると言っても過言ではないだろう。

私はそのなかで、自身の心理学研究やカウンセリングの経験などから、「この考え

方は100%正しい」と思うことだけを書く。

長い歴史のなかで積み重ねられてきた、科学的に証明済みのことしか語らないとお約束する。それが研究者のするべき仕事であり、言い換えれば使命のようなものだと思っているからだ。

だからまずは、私の考え方を（少しだけガマンして）ご高覧いただきたい。

われながら図々しいことを申し上げているが、私のように完全に理論武装している人間を、あえて素手で腕組みをして眺めてみるという経験を、あなたにも試してほしいのだ。

すると、しだいに様々な新しい気づきが、あなたの心のなかに膨れ上がってくるだろう。しかも、本書への共感のみならず、本質的な反論が山のようにあふれ返ってくるに違いない。

私は私自身の理論や考え方を率直に書くが、本書を読んだうえで、「やる気はそんなことではわかない」とか「人を育てることとは、そういうことではない」と感じることがあれば、ぜひそれを教えていただきたいのだ。

あなたにアカデミックな抵抗感や疑念が引き起こり、心理学の考え方の甘さや、また私自身の稚拙さに対してご指摘やお叱りを受けることができれば、執筆するにあたってこれ以上、幸せなことはない。

やる気はどこからきて、それはどのように膨らんだりしぼんだりするのか。意欲に満ちた人間を育むには、どうしたらよいのか。

このベーシックな議論を、あらためて深め合うための、足がかりとなる本になればありがたいと思う。

主な読者対象としては、部下や後輩を育てるリーダーや子を持つ親を想定しているが、もちろん、自分自身のやる気を育てることにも応用できる。やる気を育てる方法は、どちらも同じだからだ。

本書が、あなたの周りの人を励ますのみならず、あなた自身を励ますことにつながれば幸甚だと思う。

植木理恵

「やる気」を育てる！　目次

第3章 「自分でできそう！」を育む～長距離のやる気の育て方（期待編）……89

第4章 「自分がやりたい!!」を育む～長距離のやる気の育て方（価値編）……133

カバーデザイン◎西垂水敦（krran）
カバーイラスト◎Satoshi Kurosaki
カバーフォト◎山本佳代子
本文レイアウト・DTP◎一企画
もくじ・トビラレイアウト◎水野敬一
本文イラスト◎藤本知佳子

第1章

やる気を育てる5つの原則

この章のポイント

この章では、次の5つのことについて、その理由とメカニズムを述べる。やる気を育てるメソッドを述べる前に、まずは基本として押さえておいていただきたい原則となることである。

① お金やオモチャで動かそうとする限り、やる気は育たない
② 人を育てる側に心理学の知識がないと、やる気の教育は難しい
③ 他人の経験や成功談を自分に当てはめようとすると失敗する
④ 知り合いにだけ相談していると、あなたの知識はどんどん狭くなる
⑤ やる気を育てることに手遅れはない

これらの詳細について、心理学の理論から述べていこう。

1-1 やる気を育てるのは無料

やる気を育てるには、できるだけお金をかけないほうがよい。

お金だけではない。オモチャ、賞状、ほめ言葉など、相手が喜ぶような報酬は、かなり気を配りながら渡すことが必要だ。気の配り方についてはあとで詳説するが、そこを間違えると、かえって相手のやる気を激減させることが明らかになっている。

一般的には、むしろその反対のように思われがちかもしれない。

しかし、少なくとも心理学に基づいて人間を育てようとするのなら、基本的には物質的な報酬や体裁をとり繕うだけの賞賛は、人間の本質的な「伸びようとする力」をかえってジャマする。そのメカニズムの詳細は、第2章「『とにかくやる』を育む」で触れる。

あなたが、部下のやる気のなさに悩んでいる上司であったとしても、子育て真っ最中の親であったとしても、恋人とのもつれた関係で胸がいっぱいの乙女であっても、そこは同じ原理である。

相手を望ましい方向へ導いていくこと、やる気を育てること、幸せにすること……、そのために必要なものは、お金ではなく次の2つのことであると私は考える。

①「教育心理学」の基礎知識

② 相手に対する熱意

本書はこのうちの①について、学問的に正確に、そして、できる限りわかりやすく伝えることを目的とする。

②が必要な条件となるのは、言うまでもないだろう。あなたが関心のない相手に、「やる気を育てたい」という気は起こらないだろうから。

◉「エサ」では人のやる気は育たない

もう一度確認させてほしい。**人のやる気を本質的な意味で育てることができるのは「エサ」ではない。**

エサはその場で効くように見えるだけで、短い間しか心を動かさない。目の前のことを片づけさせるような「短距離のこと」はどうにかなるが、それより先には続かないのだ。

人を永続的に変えることができる頼みの綱は、そのような外的なものではなく、リーダーや親であるあなた自身である。あなたが、どのくらい人間に対する「知識」を勉強しているか、関心を寄せているかということが、相手のやる気をより永続的に高めていく最も重要な条件となる。

1-2 やる気を育てるのは、感性ではなく知識

「人たらし」という言葉があるように、生来の感性や愛嬌から、相手のやる気に働きかけるのがうまい人がいる。

しかし、そういう自信のある人こそ危ない。やる気を育てるうえで、感覚にだけ頼っていたら大惨事になるからだ。

◉心のドライブをどうする?

たとえば……、よく晴れた休みの朝、あなたはドライブに出かけようと思い立つ。

ライセンスを持っているなら、「知識」として「エンジンはどこにあり、ハンドルはどんな機能をして、アクセルは左右どちらか?」というような大まかな車の構造が、頭のなかに漠然とでも入っているはずだ。

もしも、車というものについて「どこがどうなっているのか」を何一つ知らなければ、車を「動かす」ことは、そもそも不可能であろう。いくら晴天に恵まれていて、乗りこなしたいという熱意があったとしても、運転は難しい。

万が一、それでもやみくもに動かそうとすれば、車は急発進したかと思えば右往左往を繰り返し、今度は急バックするかもしれない。運転手はパニックになり、大惨事すら招きかねない。

このたとえから想像していただきたいのだが、つまり万事、基礎は「知識」なのである。動かしたいと思う対象への知識がなければ、そもそも車輪を思うように進めたり、気持ちよくドライブしたりすることは、道理としてできないのだ。自転車や家電やスマホでも同じことがいえる。

そしてここが重要なのだが、これはもちろん、「人間」に対してもあてはまる。「やる気は心のどこにしまわれているのか」「そもそも心とはどんな性質を持つものなのか」というような構造について知ろうとしないまま、部下や子どもをうまくドライブしようとしても、思うようにはいかないだろう。

むしろ、躍起になってエサをちらつかせて動かそうとすれば、相手の反発心ばかりを生む。互いにストレスをため、やる気アップどころか仕事も勉強も大嫌いになってしまう。ひいては、うつ、不登校、休職続き……、そんな事態を招きかねない。

◉人間にも「マニュアル」がある

自明のことであるが、もちろん人間とモノは異なる。

だから、「人だってマニュアルどおりに動かせるはず」というような極論は、はなから成立するわけもない。

ただ私は、ここまで心理学が「科学」として発展し、その成果が積み上げられてきた現代に生きていながら、それをよい方向へ活かそうとせずに、「やる気を育てるのにノウハウもマニュアルもない！」と、はじめから切り捨てる人がいたとしたら、それはあまりにもったいないと思うのだ。

第2章以降では、人をドライブするのに必要最低限な心理学の知識を網羅する。**ここで得た知見を使うか使わないかはあなた次第だが、「知ってはいるが、あえて使わない」と判断するのと「知らないから使えない」のとでは、人生の意味は大きく異なるはずだ。**

少なくとも、**教育の心理学を獲得すれば、あなた自身は変わるだろう。**

身近な例で言えば、「やる気を出すためには○○をたくさん食べさせろ！」とか、「伝説のセミナーを受けさせれば売上200％アップ！」といったフレーズには、ピクリとも反応しなくなるはずだ。

　さらに、インセンティブ制度（成果に応じて報酬をアップさせること）が、人の心をいかにネガティブなものに変容させていくのかということにも、気づいてしまうだろう。

1-3 他人の「経験談」は役に立たない

◉体験談には説得力がある

あなたは、ふだん信用したりインパクトを与えられたりしている情報の多くが、科学的な「一般論」ではなく、個人的な「経験」や「体験談」であることにお気づきだろうか？　これは、人間なら誰しもが持っている、いわば心の癖である。

例を挙げて考えよう。

たとえば料理では、調理法や栄養素の「基礎理論」を教える先生よりも、独自の華麗なレシピを披露するシェフのほうが、喝采を浴びるだろう。

また、景気動向の予測をする経済学者よりも、たったいま儲けることに成功した投資家の体験談のほうが、説得力を持つのもこれと同型だ。

例として適切ではないかもしれないが、戦争やテロのような悲惨極まりないことにおいても、その不合理さを訴える政治家や思想家たちの論説よりも、実際の被災者が語るエピソードのほうが、必ずや私たちの胸を強く刺す。

◉知識と経験……どちらが役立つ？

ではやはり、万事語る「資格」があるのは、一般論を追究する科学者や研究者ではなく、結局は、ある意味で特殊経験をした、個人的体験者に限るのだろうか。そして、そちらの話のほうが、実際に誰に対しても「役に立つ」のだろうか？

すなわち、重んじるべきは知識か、それとも経験か？

これは、研究者と実践家の間で長い歴史を持つ論争テーマである。**私自身は、長年の研究職やカウンセラーの経験を通して、この問題に対してはわりと一貫したクリアな答えを持っている。簡単に申し上げると、以下のような考えだ。**

知識が「下敷き」にあってこそ、はじめて体験が際立つ。

たとえば、子どものやる気アップに大成功した母親の奮闘記を聞いても、「なぜそれができたのか？」という**根拠を支える理論をはっきりさせなければ意味がない。結**

局それは、A母さん独自の努力と奇跡というだけのことで、隣の家のB母さんにはほとんど役に立たない。

◉知識と経験のバランスとは

ここで誤解を避けたいので付け足したいのだが、私は、決して経験論を軽視する立場ではない。むしろ、個人の体験と、普遍的な科学は切り離しようがないと確信している。

私の考えでは、**体験とは「科学の具現」であり、科学とは「体験の累積」である。たとえれば2つは両輪をなすもので、どちらかが欠けても車は1ミリも前に進まないのだ。**

もしも、「わが社の社員が意欲的なのは、こういう工夫をしているからです」とか、「私は、わが子をこうやって東大に合格させました」という他者の成功談や奮闘記を読んだり聞いたりした「だけ」で、あなたが教育の「すべてを」得た気がしているとしたら、それは途方もなく、果てしもなくバランスを欠く行為と言えるだろう。

想像してみてほしい。

有名なカリスマ社長や天才ママたちの「やる気アップ成功例」が、あなたの会社や家庭にもすっかり当てはまる確率。それは実質的に、何%くらいあるだろうか？

統計論的に考えると、私は極めて懐疑的である。

やる気一つをとって考えてみても、それぞれの家庭の子どもが持つ個性、親の個性、家族構成や経済格差、教育を受ける機会の差などの「状況」の違いを考慮すれば、一目瞭然ではないか。

ある一つの家族の体験談（＝シングルケース）が、他の家庭にもすっかり当てはまる可能性（＝マスケース）は極めて低い。

極論を恐れずに言えば、特殊な人材教育の「体験談」には、一般家庭や一般社会においても広く使える、役に立つ教育メソッドはほとんど存在しない。

だからこそ、本書では強調したい。

たしかに、成功者の体験談は励ましになるし、あれこれと迷っている読者には、勇気やヒントを与えてくれるに違いない。

しかし、あなたの目の前にある問題を考えたとき、それだけに頼って安心していては、実際には何も成就しないということを。

1-4 知り合いは、新しい学習をジャマする

子育ての悩みでも仕事の悩みでも、あなたの周りにいる先輩や友人に相談している間は、本質的な問題解決はない。

なぜなら、**人は誰しも「あなたはそのままでいい」と言ってくれる人を、潜在的にチョイスして相談するからだ。それで自分の心は癒されるが、新しい学習にはつながりにくい。**

そしてよくないことに、知り合いは自らの「経験」を話してくれる。「私もこんな苦労をしたけど、こうやって乗り越えた」「うちの会社にもこんな問題があったけど、そのときはこうやって団結した」。あなたを励ましたいがゆえに、相手は明るい美談を聞かせることに必死だ。

その親切さのなかに、悪魔がひそんでいる。

それは、私たち人間には、他者の幸せや不幸を、あたかも自分自身の出来事のように引きよせて、自分の幸・不幸のように感じとる、高度な「共感能力（ミラーニューロン）」を誰もが生まれながらに持っていることに起因する。

これは高等霊長類にのみ備わる、心優しく誇らしい能力だ。

しかし一方で、この誇らしいはずの共感能力は、ときとして「もろ刃の剣」となることを強調しておきたい。

なぜかというと、**知り合いが話す内容に共感するその心は、あなたの視野を、いつの間にか狭めてしまう危険性をはらんでいるからである。**

もちろん、相手に悪気はない。しかし、しばしば私たちは、**目の前の人の美談に頷いているうちに、まるで自分が何かに大成功したような幸福感を持ち、何も得てはいないのに腑に落ち、満足し、納得して終わる。**

すると、さらなる真実を追究したり、疑ってみたりするクリティカル・シンキング（批判的思考）に、無意識のうちに強いリミッター（制限）をかけてしまうのだ。

つまり、知り合いの体験＝自分の体験というイリュージョン（幻想）の世界で、漠然と「わかってしまった」気分になり、それ以上の思考を停止してしまう危うさを、知り合い同士は持っている。共感することは素晴らしいことだが、新しい学習を止めてしまうこともあるのだ。

◉心の偏りは止まらない

このような皮肉な現象を、もし認知心理学者が学生に教えるなら、「**確証バイアス**」という言葉を使いながら説明するだろう。確証バイアスとは、「やはりそうか。私も同じだ。私はこのままでいいんだ」というように、自分が共感できる情報以外は、はなから排除してしまおうという無意識的な行動のことだ。

また、社会心理学者だったら、「**代表性ヒューリスティックス**」によって説明するかもしれない。自分で「これは真実か？」と一つずつ吟味するよりも、周りの人が「これが真実だ」としていることに対して、ノージャッジで「じゃあ俺も」「それなら私も」と賛同して満足する傾向である。

わざわざ専門用語を用いて説明されなくとも、ああ、たしかによくあることだと誰しも了解できることだろう。日常的には、ほとんどの人がこうした「心の癖」を、まったくといってよいほど意識せずに生活している。

「やはりこのままでよいのだ。あの人もこの人もいいって言っているんだから正解に違いない」の世界で、なかば茫漠と生きているのが現状なのだ。

かくいう私も、朝はコーヒーを飲む習慣があるのだが、もし誰かに突然、「同じ習慣を持つ知り合いは何人いますか？」と聞かれたら、「Aさんと、Bさんと、Cさんと……」と、私と同じ習慣を持つ人の顔ばかりが思い浮かんでくる。

ジュースやお茶を飲んでいる知り合いもいるはずだが、思い浮かばない（↑これが「確証バイアス」）。

また、仕事で大切な人を接待する際、「あの3つ星シェフの舌もうならせた！」などとテレビで紹介されていたレストランを、深く考えずに予約するだろう。

世間が「よい」と太鼓判を押すのなら、自動的に右にならえのパターンである。しかも、そこで食べたものは「やっぱりおいしかったなぁ」と過大に感じるものだ（↑これが「代表性ヒューリスティックス」）。

あらためて断っておくが、私はまがりなりにも心理学の専門家である。だから頭では、「人の心の偏り」がわかっているはずなのだ。それでも、日常の行動には、悲しいほどその知識を生かしてはいない。

だとしたら、心理学をよく知らないあなただってなおのこと……、私と同じかそれ以下（失礼！）であるはずだ。コーヒーやレストランの問題ならともかく、こと人材教育や子育てとなると深刻な問題なのだから、ナーバス（神経質）にならなくてはならない。

身近な人間の話を聞いている間は、新しいことは身につきにくい。あなたを満足させるがゆえに、ジャマになる。

知り合いとの会話もいいが、確証バイアスや代表性ヒューリスティックスが増えやすいことを念頭において、私のような赤の他人の話にも耳を貸すべきだ。

1-5 やる気を育てることに「手遅れ」はない

◉いつからでも大丈夫

「うちの子はずっと無気力そのものですが、間に合いますか？」とか、「うちの社員にいまさらやる気の話をして、少しは変わるものでしょうか？」……これは、私がカウンセリングや講演などをしているときに、多くの人から尋ねられることだ。

これに結論を言ってしまえば、「すべて間に合います」ということになる。

「おたくの場合はもう手遅れです」と言われれば、かえって楽なのかもしれない。こちらとしても、いっそそのほうが簡単だ。

しかし、心理学はこう考える。**相手がいくつになっても「やる気が育つ」可能性はつきまとうから人間関係は大変である。だからこそ、生きていくこと、育んでいくこ**

とは、休息のない大事業なのだ、と。

やる気を育てるのに、「いまさら」という時間的なリミットはないのだ。

実際に、発達や教育に関する心理学論文を概観するにつけ、子どもでも大人でも、そして、どのような困難を抱えている人でも、教育や対話や心理療法といった支援によって、心の奥にあるファイトを伸ばしていける力を秘めていると感じる。

私自身は、重度のＬＤ（学習障害）という困難を持つ子どもを対象に研究をしているが、彼らの「やる気」を根気強くコントロールし、適切な支援をすれば、相当ハイレベルの学習成果を発揮することが多く、驚かされる。

また、「やる気が出せない自分」へのつらさや痛みを抱えるうつ病のクライアントに対しても、適切な精神療法が相当な効果があることを実感している。

ただし、これはあくまで心理学者の考え方である。もし、「脳科学」など、ほかの隣接領域の学問であれば、また違うところに着目するだろう。

脳科学の研究は、人間の脳という「ハードウェア」、つまり容れ物の構造や働き方を明らかにする。たとえば、「前頭葉という部位はどう発達するか？」というようなハードウェアの持つ性質を根拠としながら、人間の発育を示す。

心理学と比べるとドライに見えるアプローチだが、相互補完的な領域である。

◉「間に合わない説」が大流行

　脳科学や生理学の知見が巷で曲解されてか、たとえば、「胎児のうちにモーツァルトを聞かせなければ」「2歳までにリズム感覚を覚えさせなければ」「5歳までに英会話を始めなければ」……いろいろと間に合わない、といった話が流行ってかなり経つ。あなたも耳にしたことがあるだろう。

　しかし、これらは学者の行なった研究の成果ではないのだから、あまり気にしてはいけない。**真実とは言えないうえに、大人になって挑戦することへの「やる気」を否定するような風潮は、やみくもに人をトーンダウンさせるもので、取り柄がない。**

　たしかに、間に合わない、という言い切りには非常にインパクトがあるのはわかる。「本日限りで30％値引き！」と期間を限定されるのと同じような心理効果がある。そのうえ、「前頭前野と海馬」という専門用語や、「○○ホルモン」といった生理的概念まで駆使した説明がなされると、「じゃあウチの子はもう手遅れか」と思うしかなくなる。

　それでは、脳科学者もいい迷惑だろう。

事実は違う。私は常々、「手遅れという限界を、一体どうやって証明するのだろうか？」

と不思議に思う。「何歳までに学習しなければ間に合わない」という説を証明するとしたら、少なくとも、次のような研究が必要なのだ。

◉限界の証明はできるか？

たとえば、「5歳までに英会話を始めなければ」ということを実証するためには、反対に、40歳から留学をして10年後にはネイティブ並みに英語を習得している人も多数いるというデータにも着目しなければならない。

そういう人は正常な脳の持ち主ではなく、「外れ値」として特別な脳機能を持っていることも、同時に証明される必要がある。

同じように、「文字は小学校以前に触れさせなければ書けない」ことを実証するためには、60歳を過ぎてはじめて漢字を勉強する機会に触れ、目覚ましい成果を出す高齢者も多数いることにも触れなければならない。やはりそういう人も、異常といえる脳機能を持っていることを、同時に示す必要がある。

こういうことは、実際的には証明され得ない。

もちろん、何につけても、早くから勉強し始めた人が有利なのは「物理的に」考えれば当然だ。3歳からヴァイオリンの家庭教師について習っていた女の子は、15歳になってヴァイオリンに目覚めた少年よりも、現実の練習期間が長い。
当然、音楽的な環境へも馴染みやすく、人前で演奏することが自然にできやすい。
上達が目覚ましいことは容易に想像できる。

しかし、「○歳までに始めないと間に合わない」ことを、脳や心の発育を根拠として、実際に証明できているのかという話になれば、それはまったく別問題だ。

こういう教育限界論については、科学的な実証もなければ、思想としての建設性もないと感じる。どのようなジャンルであっても、「不可能である」ことが実証されていない以上、「可能性がある」と考え続けるべきだ。

自分で限界をつくる生き方はやめたほうがいい。

挑み続ける人間は生涯伸びるし、生涯変わることができる。

そのエネルギーの根幹となる「やる気」さえ高めることができれば、いやでも可能性は広がり続けるのだ。

◇　◇

次章以降では、ここまで述べた５つの原則を前提としたうえで、「では、やる気をどうやって育てたらよいのか？」という具体的な方法について、心理学の理論から述べていきたい。

子どもや部下などに、どんなアプローチをすることが大切だろうか。どのような教育をしたら、やる気をもって、いきいきと学んだり働いたりできる人間が育つのだろうか。

以下、①短距離のやる気、②長距離のやる気、というクオリティの異なる２つの「やる気」を紹介し、それぞれのやる気を育てる方法をひも解いていく。

第2章

「とにかくやる」を育む

短距離のやる気の育て方

この章のポイント

目の前でぐうたらと過ごしている子どもや部下がいれば、「もう瞬間的でもいいから、やる気を出してほしい！」と思う現実があるだろう。

「とりあえず、今日の宿題をさせたい」「とりあえず、今日のノルマくらいは片づけてほしい」といった、とにかくすぐに奮起してもらわなければ、お話にならないことがある。

このような、目先のことを片づける意欲、つまり「短距離のやる気」を育てたいときには、たしかにご褒美で釣るような働きが効果を発揮する。よくいう「アメとムチ」による育て方だ。

アメとムチの使い方としては、以下のことが重要である。そのポイントをあらかじめまとめておこうと思う。

① アメとムチは、例外をつくらず速やかに与えることが大切
② 相手が誰であっても、深い感情を注ぐと台なしになる
③ 相手の反応をよく見て「その場ですぐに」実施する

④ 相手と2人のときでなく「大勢の前で」行なう
⑤ アメとムチの指針をクリアに伝え、その指針は変えない

……ここで気になることがある。

「短距離のやる気」には用はない、早く「長距離のやる気」を知りたい。そのため、この章は飛ばして第3章を読もう、と考える人がいるかもしれない。しかし、ことを急《せ》いてはいけない。

「はじめに」でお願いしたとおり、ガマンしてでもこの章を読んでいただきたい。

あなたがこれまで親や先生、上司から受けた数々の教育・指導を思い浮かべながら、あるいは、あなたがすでに部下や後輩、自分の子どもに行なってきた教育・指導を思い浮かべながら一読していただきたい。

すると、必ず大きな気づきがあるに違いない。

この章では、「外発的モチベーションの育て方」（1〜3項）、「外発的モチベーションをより高めるために」（4〜9項）、「それでもなぜアメとムチなのか」（10〜13項）などについて考える。

読み飛ばさずに、あなたのなかでじっくりと吟味してほしいのだ。

2-1 「外発的モチベーション」の育て方

よいことをしたらアメを与え、悪いことをしたらムチを与える。そうやって高めることができるやる気のことを、**心理学では「外発的モチベーション（extrinsic motivation）」という。目先のことをする短距離のやる気は、この外発的モチベーションによって育まれる。**

外発的とは、たとえば「勉強には興味がないが、オヤツのために頑張る」とか「仕事に関心はないが、上司に叱られると嫌だからやる」といった気持ちのことを指す。自分の心の「中」に、興味や関心といった頑張る理由を持っているのではない。オヤツや叱責のような、自分の心の「外」に理由が存在して発生するモチベーションのことだ。エサのために頑張れるたぐいの「やる気」。

まずは、この外発的モチベーションを上手に育てる方法について述べていこう。

2-2 アメとムチはどうしたら効くか？

短距離のやる気を出してもらうには、外発的モチベーションを育てることが大切であると述べた。その外発的モチベーションは「アメとムチ」によって育てられる。これはシンプルで即効性があることが特徴だろう。**うまく使いこなすには、ペットをしつけるイメージを持つのがコツである。**

◉正しい行動へ導く

たとえば、飼っているイヌに大好物のお菓子を見せておいて、偶然でも「お手」のしぐさができたらすぐにそのお菓子をやる。できなかったらすぐにお菓子を没収する。それを繰り返していけば、イヌは、「お手」を覚えられる。

理屈を説明するのではなく、あなたはお菓子の出し入れのみに、専念することが重

要である。

本人（?）は「お手」に興味はないが、それはどうでもいいことだ。とにかく「お手」のしぐささえできればＯＫと、割り切ることがポイントだ。そこに深い考えを入れてはならない。

この方法は、いまでは誰にでも思いつくことだが、最初にこれを言い始めたのは、ハルやスキナーという**行動心理**の研究者である。

彼らは実験で、イヌやチンパンジーのような人間に近いイメージの相手ではなく、ネズミやハトに教育をしている。

ネズミやハトの場合は、「こうしたら、このお菓子をやるよ」と示しようもないので、ネズミやハト側にとっては「偶然やった」動きに対して、このアメとムチを繰り返し行なっている。

たとえば、ネズミに「上にジャンプする意欲を持たせたい」と、こちらが勝手に考える。そして、ネズミがたまたま下に降りたら電気ショックを与え、たまたま上に飛び上がったらエサが出てくる仕掛けをつくった。すると、やる気を持ってジャンプばかりするネズミが育つ。

■スキナー箱のいろいろ

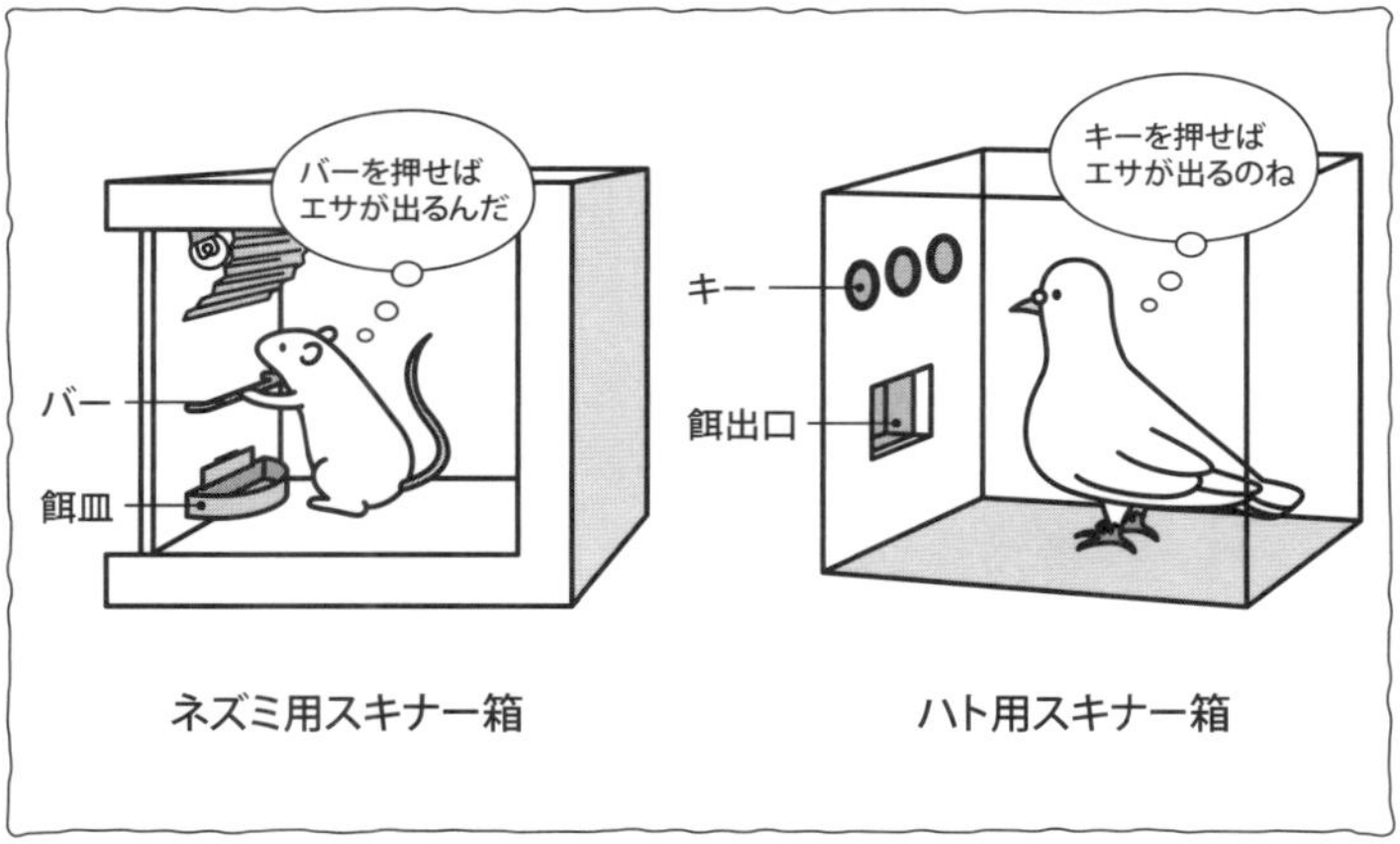

スキナー自らが「**スキナー箱**（Skinner box）」という仕掛けをいくつもつくって（図）、**アメとムチのシンプルな指示で、いかに多種多様な学習が成立するかを示したのだ。彼はこの現象を「オペラント学習（operant conditioning）」と名付け、その即効性は瞬く間に注目を集めた。**

シンプルな仕掛けだが、当時はたいへんな脚光を浴びたのだ。

たしかに、サーカスなどでゾウやライオンが見事な曲芸をやってのけるのを見ることがあるが、あれはまさにオペラント学習のたまものだろう。**これが、動物のみならず人間にも適応できると考えるのが、行動主義といわれる心理学研究者だ。**

外発的モチベーションを育てるためには、

この行動主義の原理を徹底させることが重要である。

◉調教師としてふるまう

あなたの子どもには、「80点以上取ったらオモチャを買ってあげるけれど、60点以下だったらオヤツ抜きよ」と明確に宣言しておこう。

そして、**テストで80点以上の点が取れたら、あなたはただちにオモチャを買いに走らなければならない。60点以下だったら、子どもが泣こうがわめこうが、速やかにオヤツを引っ込めることだ。このルールに例外をつくってはならない。**

とにかく深い情を持たないことが、外発的モチベーションを育てるうえでの重要な心構えである。「少しは充実感や楽しさを感じているのかしら」などと、はなから気にかけてはいけない。

とにかくドライに、宣言したことを実行する「調教師」となるのが大切な心構えだ。これを繰り返していれば、とりあえず、80点以上を目指す子どもが完成するのだから。

2-3 アメとムチはどうしたら即効性が上がるか?

◉TPOを考える

先の例のように、よいことをしたらオモチャを与えることを「正の強化」、悪いことをしたらオヤツを引っ込めることを「負の強化」という。

これには、TPOに気をつけると、より効果があると私は考える。反対に、このTime(時間)、Place(場所)、Occasion(場合)を間違えると効果は半減する。

まず、T(いつ強化するか)。

これはとにかく、「ただちに」ということだけが重要だ。

社員が活躍を見せたときは、瞬時に現金を手渡すくらいの勢いを持つ必要がある。

半年ほど経過して、「いやぁ、あのときは助かったよ」としみじみほめても意味がない。

これは負の強化のほうも同じで、あなたにとって気に入らないことがあれば、いますぐ叱らなければ覚えない。

どういう行動が、どういう正の強化・負の強化を引き出すのか。このリンクをつくるのがうまい人は、とにかくフィードバックを瞬時にできる人だ。これを「即時フィードバックの原理」という。

次にP（どこで強化するか）だが、これはとにかく、「多くの人の前で」ということが重要だ。

もし部下が期待どおりの仕事をやり遂げたら、その功績は、社にいる多くの人の前で称えられるべきだ。２人でいるときに、こっそり「頑張ったな」と言うのでは、誇らしさが足りない。

負の強化も同じで、部下を叱るような機会があれば、社にいる他の人にも届くような大声で盛大にやるべきだ。ひっそり本人だけに注意したのでは、恥の感覚を覚えにくい。

人間は他の動物と違って、誇り（pride）や恥（shame）といった感情で、モチベーションが左右される。その性質を最大限に活用するためには、常に多くの人の前で強化される必要がある。

これを天性でわかっている人は、叱るのもほめるのも、2人のときではなく見せしめ的にやる。そういう人が社長である会社や、そういう先生が担任のクラスは、ビシッと統率が取れている。よく見ると暗いムードの集団であることが多いが、あなたは調教師なのだからそんなことを気にしてはいけない。

◉相手に何も期待しない

最後に、O（どんな場合に強化するか）。これは言うまでもなく、相手があなたの思うとおりの動きをしたときにアメ、反対のときにムチである（図）。

ネズミやハトには伝わらないが人間には伝わるので、「80点以上取ったら」「営業成績が○万円を超えたら」など、どんな場合がよくて、どんな場合が悪いのか、はっきり教えることが重要だ。

「こうなれ」「こうしろ」と明確に示さずに、「期待を察してほしい」「空気を読んでほしい」などと願うのは、ただの時間の無駄になる。

■アメとムチのＴＰＯ

- ●Time（いつ強化するか）
  ➡ただちに、すぐさま
- ●Place（どこで強化するか）
  ➡多くの人の前で、こっそりはNG
- ●Occasion（どんな場合に強化するか）
  ➡思いどおりの動きをしたらアメ
  ➡思いどおりの動きをしなければ、迷わずムチ言うまでもないが、もしあなたのほうで教育方針にブレがあると、O（どんな場合に強化するか）のセオリーは台なしになる。「こうなってもらいたい」と一度決めたことが揺らぐようでは、どうなったらよいのか相手が戸惑い、オペラント学習とはほど遠くなる。

子どもだろうと部下だろうと、あなたのつくったスキナー箱に、ピシッと閉じ込めて鍵をかけよう。そして強化のTPOを守ること。この2つが教育方法となる。

以上のような「心がけ」と「テクニック」を実行すれば、少なくとも、もう目の前でぐうたらと過ごされることはなくなるだろう。ニンジンをつるしてハッパをかけるわけだから、とりあえず走ってくれる。

「本人がどう思っているか」を徹底的に無視することで、外発的モチベーションを育てることは大成功する。エサを目指してやる気を持ち、どんな行動が正解なのか必死に学ぼうとするだろう。

これはあくまでも、目先のことをやる「短距離のやる気」を育てる方法だ。**本質的にやる気に満ちた人間を育てることとは異なるが、とにかく「別にそれでかまわない」としたうえで、話を進めている。**

2-4 正しいアメの与え方

「アメとムチ」はシンプルな理屈なので、一見簡単そうな教育法に見える。しかし、人間に適用することを考える場合、それぞれ注意を払う必要がある。

まずは、やる気をうながすための「アメ」の正しい与え方について述べていこう。

あらかじめ、そのポイントを先にまとめておく。

> **①　アメは1回与えたら、永久に渡し続ける**
> **②　アメは、クオリティを大げさにグレードアップさせる**
> **③　アメを渡すタイミングを、どんどん早めていく**
> **④　楽しそうだったら、すぐにアメを引っ込める**
> **⑤　目的がすり変わらないように注意する**

◉ずっと同じアメでも効くのか？

日曜日の朝。いつもなら「早く起きて！　どこか連れて行って！」とせがむ子どもが、今日はどういう風の吹き回しか、やさしく肩たたきをしてくれた。「いつもお仕事大変だね、お疲れさま」。

あなたは感動する。小さいと思っていた子どもが、いつの間にかこんなふうに成長していたのか、としみじみ思う。

いまこそ、アメを登場させるときがきた。

外発的モチベーションを育てるのに、しみじみしている時間はない。望ましい行動には正の強化が必要である。「ありがとう。じゃあ、お礼に10円あげるね」。このように、すぐにフィードバックをすることが大切だ。

子どもにしたら、嬉しいだろう。肩たたきは何気なくとった行動なのに、そんなにすぐに認められてお小遣いまでもらえたとしたら、「やってよかったなぁ」と喜びは高まる一方だ。

この「お礼の10円」から、外発的モチベーションの教育のすべてが始まる。

はじめのうちは、子どもも肩たたき屋さんごっこに乗ってくれる。10円がいっぱい貯まったら何に使おうかな……、と夢を描きながら、昼も夜もあなたの肩をたたくことだろう。**もはや、あなたのためにではなく、お金のためにだ。**

大変なのはこれからである。**こんなことを1か月も繰り返していたら、いつもの10円では、ある日ガクッと効果がなくなる。**同じアメを与え続けていたら、実は相手のテンションはいきなり落ちてしまうことになる。

◉ベテラン料は別払いで

なぜなら、子どもの心には、「自分はこれまで、仕事を積み重ねてきた」という、実績が記録されてきている。**すると、その実績と見合うような「ベテラン料」が欲しいと思い始め、「初回と同じアメでは、もうキツイかな」となるわけだ。**

つまり、これまで数十回も肩たたきをして、そこで培ったノウハウとテクニックを使ってこれからも肩たたきを続けていくのだとしたら、「ある程度、そこのところを勘案してもらいたい」と思うのが人のなさけだ。

それなのに、相も変わらず「1回あたりのギャランティが10円ぽっきり」というのは、もはや割に合わない、ばかばかしいと判断する。すると、途端にトーンダウンしてしまうのだ。

これまで書いてきたように、外発的モチベーションは、とにかく目先のことをさせる「短距離のやる気」にしかつながらない。**もし、それでもアメを使ってこれを長期化させようと思うのなら、あなたは「ベテラン料金」をバンバン増額し続けなくてはならない。**

最初のうちは、「じゃあ10円ね」と20回もそれで引っ張ったのなら、「いつも頑張ってくれているから、今日から20円ね」と、どんどん値上げを続ける必要がある。

◉アメはすぐに飽きられる

さらにそれだけではない。「**人はお金をもらうことや賞賛されることにはすぐに慣れていく**」ことにも注意を払わなければならない。

最初の値上げが20回目だとしたら、次の値上げは40回目ではなく、もっと前倒しして行なわなければ、相手はしだいに待っていられなくなるのだ。

その次の値上げはもっと早めに、次はもっともっと早めに行なうことが必要だ。

相手が飽きる前に、永久にアメを増やし続けること。さらに、永久にその増やすタイミングを前倒しし続けることがあなたには求められる。

2-5 アメが「やる気」を失わせる？

アメで釣るといっても、なかなか一筋縄ではいかないものである。以上のことにプラスして、さらに注意をすることがある。それは、「アメをもらって、かえってやる気をなくす」という人間の奥深い心理にも、あなたは気を払わなければならない点だ。

余計なときにアメを渡されると、人はやる気を失う心理現象（アンダーマイニングunderminig）には、細やかに配慮する必要がある。

◉余計なときとはこんなとき

たとえば、熱心にボランティア活動をしてくれた人に対して、報酬やアメを渡すことは、やってはならないことだ。

「被災地への思い」から動いていたことなのに、それが大きくニュースで取り上げられて拍手喝さいを浴び、まして表彰されたりなどすると、急激にボランティアへの熱意が失われてしまうことに注意しなくてはならない。

よかれと思って自ら動いていることに対して、予期せぬアメが提供されることで、人の心はいろいろと複雑なものになる。「次はどんなボランティアが期待されているのか」という焦りだとか、表彰されたことへのうしろめたさだとか、ボランティアの「内容」とは関係ないことを考え始めてしまう。

つまり、最初に持っていた「被災地への思い」というピュアなものが見えづらくなるのだ。その結果、気持ちが複雑化するにしたがって億劫な気持ちが芽生え、なんとなくボランティアから足が遠のいていってしまう。そんなことも少なくない。

勉強でも仕事でも、本人が「誰かの役に立ちたくてやってみた」とか、「面白いからトライしている」というような気持ちを持っているようだったら、**あなたは野暮なアメをちらつかせてはならない。すぐに、それを引っ込めてほしい。**

自分の熱意でやっていることに「じゃあこれ」とアメを押しつけられると、人は「ふーん、なんかつまんない」と冷めた心理になるからだ。**アメが役に立たないどころか、**

アメによる弊害が出てくるのである。

もしも子どもが楽しそうに縄跳びをしていたら、それに安易にご褒美を出してはならない。「頑張っているわね。偉いじゃないの〜」ですら余計である。体裁をつくろうだけの賞賛でしらけてしまい、縄跳びが一気につまらなくなってしまうのだ。

相手のテンションを見計らいながら、ときにアメはいったんしまって、ただ見守るだけ……。それがあなたの重要な役割となることも、往々にしてあるのだ。

2-6 本当にアメのためにやっているのか？

◉「なんでハマってたんだっけ？」

余計なときにアメを渡されると、人はやる気を失うアンダーマイニング現象について、心理学者デシは次のような実験で示している。

大学生を対象とした3日間の実験だ。大学生の被験者に、当時流行していたソマパズルというものを与えた。

ソマパズルとは、大きめのブロック7種類を組み合わせて、飛行機、イヌなどの図示された立体モデルをつくる遊び。私もチャレンジしてみたのだが、やり始めるとけっこう夢中になるものだ。

学生たちには5種類の課題が用意され、デシはパズルへの熱中ぶりが、3日間でどう変化していくかを観察している。

1日目は放置して観察する。すると、やはりみんな夢中になっていろいろな形をつくっている。

2日目は、**①1日目と同じく放置されているグループと、②パズルが解けるとお金がもらえるグループの2つに分けて観察を続ける。**

この②のグループの状況、つまり、「面白いからパズルをやっていただけなのに、いきなりお金がもらえてしまうグループ」は、先ほどの、「ボランティアをしていたつもりが、いきなり表彰されてしまった人」と、状況がよく似ている。

3日目、実験最後の日。

①の放置されっぱなしのグループには何も変化はなかった。つまり、みんな飽きもせずにパズルに取り組み続ける。

しかし、**②のグループはどうなったかというと、もうさほど熱心にパズルを解こうとしなくなったのである。**

お金をもらったときこそ喜々として取り組んだが、もう翌日にはパズルをやめてしまった。お金を渡した瞬間が、実はパズルが急につまらなくなった瞬間なのである。

■ソマパズルの実験

	グループ①	グループ②
1日目	放　置 ↓ 熱心にパズルを解く	放　置 ↓ 熱心にパズルを解く
2日目	放　置 ↓ 熱心にパズルを解く	パズルが解けると お金を与える ↓ 喜々として取り組む
3日目	放置 ↓ 熱心にパズルを解く	パズルが解けると お金を与える ↓ **パズルをやめる**

面白いという自分の気持ちでトライしていたことにギャラをちらつかせることで、かえって意欲に冷や水を浴びせてしまう……。

余計なときにアメを与えたら、こんな結果を導いてしまうから人は難しい。

この実験をしたデシは、スキナー箱を観察しながら、「アメとムチか。じゃあ好奇心旺盛な幼稚園児が、小学校に上がると急にそれが減るのはなぜだろう」と考えたのだ。

そして、子どもたちが小学校に入ると、急にテーブルマナーなどの教育が始まり、行儀よく食べられたらご褒美、というような「しつけ」に、大人側の対応が変わることに注目した。

幼稚園までは好奇心を放置されているのに、小学校に入ったら急に、「お利口にしていたから」と渡されるご褒美にこそ、実はその悪因が潜んでいるのではないかと考え、前記のような実験をしたという。

◉余計なアメは高くつく

この実験を思い起こさせるような話を、ある飲食チェーンの社長から聞いた。

彼はいくつもの飲食店を経営しているなかで、ある出来事で腹にすえかねて仕方がないことがあるというのだ。

「みんな長いこと頑張ってくれたし、おかげで経営も右肩上がりだから、各店長の給料をドンとアップした。ところが私のそんな気持ちに対して、誰も『ありがとうございます』と言ってこない。こちらは毎月の給料分、相当なお金を支出しているのに」

とのことだ。

それはたしかに気の毒である。

しかも「ありがとう」どころか、やれ「誰それはいくら上がった」だの、やれ「自分はもっともらっていいんじゃないか」だのと、互いを比べてのクレームだけが増えたというから社長はたまらない。本当に、余計なアメを手渡してしまったものだ。

彼は毎月高い給料を支払いながら、それにまつわるクレーム対応に追われるという嘆かわしい日々を送っているようだ。

「もう二度と報酬はアップしない。お金はダメだ！」と悔いている。

想像するに、各店舗の店長たちは、社長が想定するよりもはるかに意識を高く持ち、かなり張り切って、任された店を切り盛りしていたのかもしれない。そこに「じゃあ給料アップね」という妙な冷や水を浴びせられたことで、やる気アップどころか、複雑な気持ちが生まれて不満が爆発する結果になったのだ。だとしたら、これぞアンダーマイニング現象の典型といえるだろう。

もはや、自分が意識的にやっていること（私ごと＝マイン）ではなくなり、社長が気まぐれにくれたお金のために頑張ること（よそごと＝アンダーマイン）に目的がガラッとすり替わってしまう。この人間の心の綾には、気を配っても配りすぎることはない。

インセンティブで人を操ろうと余計なことをして、かえって部下のやる気が白けてしまうこともある。あなたがリーダーならば、心したほうがよい。

子どもをご褒美で揺さぶることで、どんどん勉強がつまらなくなってしまう。
「うちの子はこれに関してはいきいき取り組んでいる」という様子が見られたら、余計なアメでその情熱に茶々を入れないことだ。

ここまで読まれた人はお気づきかと思うが、**どうやら人間とは、お金のため、ご褒美のために頑張るのは、本当は「嫌い」なのではないだろうか……。どんなに無気力に見える人であっても、心の奥底では、「自分の意思で、自分の気持ちで」何かに取り組みたい、頑張ってみたいと願っている。**それは、子どもでも大人でも同じ。

人はややこしくて崇高な生き物である。

しかしそこが、他の動物やペットとは決定的に異なる。その本質的な意欲を、アメでそぎ落とすようなことがあってはならないのだ。

2-7 正しいムチの与え方

前項までは、アメについての注意事項を述べた。

こういう話をすると、「ほめて育てることに欠点があるなんて信じられない」「報酬をどんどん与える教育に、そんな落とし穴があるなんて」と驚かれる人が多いが、これまで述べたように、人のやる気はアメで伸び続けるほど単純ではないのだ。

このように、アメでさえいろいろ難しいのだから、いわんや「ムチ」はもっとややこしいことが想像されると思う。

たとえば、「ムチは心理的なショックを与えてしまう」とか、「ムチのせいで仕事が嫌いになってしまう」といった弊害は誰しも思い至ることだろう。

ここではそういう弊害も含めて、「ムチは意外と役に立たない」という事実についても記しておこうと思う。

ムチでやる気を引き出すには、以下の点について注意を払うことが必要である。

① ストレスがかかるわりには、情報は伝わらない
② アフターフォローが万全であれば、ムチの効果は出てくる
③ 乱発すると、まったく動かない性格を育てる

◉ムチに含まれている情報は何か？

相手がダメなときにはビシッと叱る、アメを没収する、ときにはバシッと叩く。動物実験でいえばビリビリと電気を流す。

こうした負の強化によって、相手が学ぶのは次のことである。

「あ、間違えた」「ああ、これじゃダメなのか」。

……つまり、テレビのクイズ番組で不正解だったら、「ブー」という音声が流れるのと同じで、「違った！」ということだけが相手によく伝わる。

言い換えれば、それしか相手に情報は伝わらないということである。**次はどうしたらほめられるのか、どうやったらうまくいくのか、といった教育的な内容はゼロであることがムチの特徴である。**

ムチはそれだけでインパクトが強いので、与えた側は一度バシッとやったら、「これで少しは薬が効くだろう」などと誤解しがちだが、そんな薬はなかなか効かない。

与えられる側はもちろん、与える側にもストレスがかかるわりには、その薬には情報の量があまりに少ないことを覚えておかなくてはならない。

もしもムチを与えるのなら、それとセットにして「なぜ叱ったのか」「次はどうしてもらいたいのか」「そのためにはどんな努力が必要なのか」「いかに愛情があるムチだったのか」というような、あなたの「心」を存分に乗せるフォローアップがなされないと、痛み以外の意味を持たない。

心が潤沢に乗せられていないムチは、単なるショックだけを記憶に残す。相手の新しいことへの意欲はどんどん削がれていく。

あなたは、相手にムチの「痛み」を上回るほどの「感動」を同時に与えられるだろうか。相当なテクニックや努力を求められるはずだ。

◉怖がらせるムチは……

かつて、ネズミを使った実験では、T字の形をした迷路のなかで、左に進んだらエサが出るが右に進んだら電気ショックが与えられるというような、単純な「アメとム

■ネズミの迷路実験

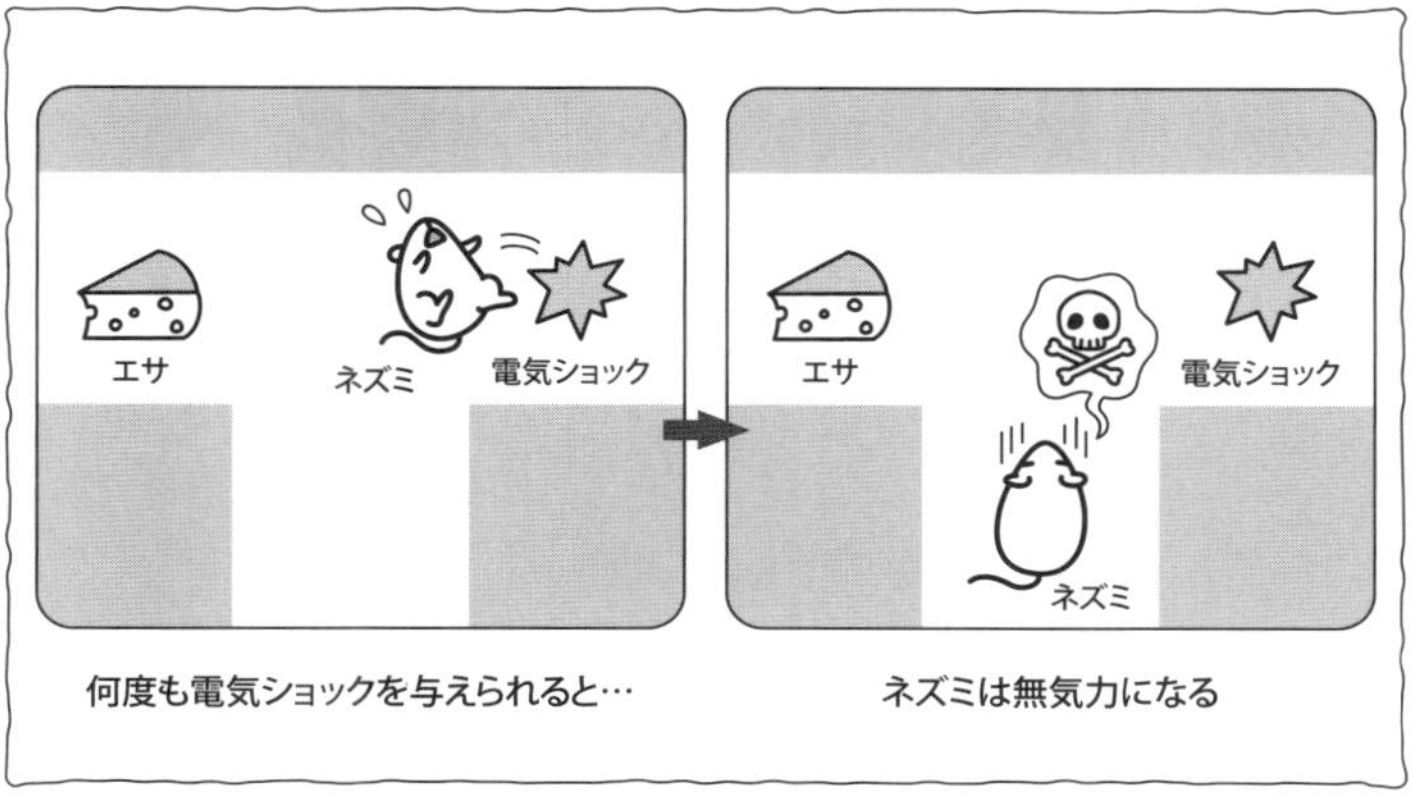

チ」によって素早く迷路を覚えることが示されてきた。

たしかに、電気ショックの痛みを避けるためには、誰しも慌てて学習をするだろう。

しかし、何度かショックを与えられたネズミはこう思う。「あの痛みはもう二度とゴメンだ。次は、一歩も進まないように気をつけよう」。

そう感じるのは生物として当然で、その後は、エサを求めて迷路をウロウロしたがらなくなる。それどころか、同じ場所にうずくまっている（図）。

ムチを与えられたあとは、もう右だろうが左だろうが、どうでもよくなる。**下手にトライして痛い目にあうよりも、じっとしているのがベストだという選択をする。**

つまり、やる気を出させようと振るっているムチが、かえってやる気を阻害しているわけだ。やる気も出せないうえに、そのネズミを解剖してみると胃潰瘍も大きくなっている。つまり、ただストレスを蓄積しているだけであり、これでは本末転倒もよいところである。

人間で考えても、この現象は同じだ。「怒鳴られるとイヤだから、一切黙っておく」「叩かれると痛いから、目立たないように生きる」という恐怖感はもちろん、「バカにされるから一生スピーチしない」といった恥のムチもある。

さまざまな意味で、ムチは次の行動を差し控えさせ、ストップをかけるように導くのだ。それでもやはり、怒鳴るとか叩くといったことで相手に気合いを入れて育てるのなら、先にも書いたとおり、あなたにはよほどの教育的フォローアップの自信と腕前がなければならないことになる。

◉そのムチに夢はあるのか?

ちなみに、先に例に出した「80点取ったらオモチャを買ってあげる」というアメによる誘導だったら、まだ救いがある。

オモチャ自体に教育的な情報はないが、オモチャにはムチと違って「魅力」がある。

だから、「じゃあどうすれば80点取れるだろうか？」「どう勉強したらよいのか？」と、子どもがあれこれ模索したい気持ちになれる。好きなものをゲットしようとするとき、人は策略家になれるのだ。

サッカーには関心がなくても、それが女の子にモテるのであれば、どうしたらかっこよくシュートを決められるのか、一定の意欲を燃やせるのと同じである。

オモチャであれ、モテることであれ、何か具体的な夢とつながることならば、最善の方法を捻出しようという気持ちがわく。

しかし、「60点以下だったらオヤツなしね」というムチには、あまり関心の持ちようがない。オヤツのために60点スレスレは狙うだろうが、それ以上に頑張るのはなんだか損な気持ちにさえなる。

「営業成績が下がったら××」「言うこと聞かなかったら××」というように、ムチを示してやる気を云々されることには、とにかく夢がないのだ。

そういう魅力のない教示に対して、「よし！　じゃあどう頑張ろうか？」という工夫は起こらない。理屈のうえでは「夢のあるムチ」であればよいことになるが、実際に考えるとそれは難しいのではないだろうか。

2-8 ムチはなぜタイミングが重要なのか？

ムチは一瞬ハッパをかけるのだから、浴びせたほうはそれで気が済むところがある。しかし、万全なフォローをしたり、夢を持たせるような与え方がされなければ、ムチはただのショックである。「痛い」「間違えた」「もう嫌だ」と思わせるだけなのだ。

さらに、そのタイミングを間違えたら、やる気どころか、とんでもなく無気力な性格をつくり上げてしまうことが研究で示されている。

◉気まぐれなムチを続けていると……

心理学者のセリグマンらの研究はそれを鋭くえぐっている。イヌを対象にした実験が有名だ。

イヌを立たせたまま動けないように固定し、前足に電気ショックをかけるというもの。命に別状があるわけではないが、それでもイヌにとってはかなり嫌な経験には違いない。

電気ショックを与え続けていると、当然イヌはさまざまな動きをしてなんとかそれから逃れようとする。しばらくすると電気ショックは止まるが、それはイヌが頑張って動いたからなど、本人の努力とは無関係。実験者の気まぐれで止めるのだ。

そしてしばらくすると、これもまた実験者の気まぐれにより電気ショックがビリビリと始まる。そしてまた突如やむ。こんなことが何度も繰り返されるのだ。

さて、こんな環境、つまり「**気まぐれなムチ**」にさらされたイヌはどうなっただろうか。

なんとその後は、どんなに電気ショックを受けても、一切の行動を放棄して、ただもうビリビリの刺激に耐え、それが去るのを待ってうずくまるだけなのだ。

はじめは、なんとかショックから逃れるために元気に動いていたイヌが、「どうせ何をしても一緒でしょう……」という無気力なイヌに変貌してしまったのである。

◉逃げることを諦める

このあと、そのイヌはどうなったのだろうか。

■逃げようとしなくなったイヌ

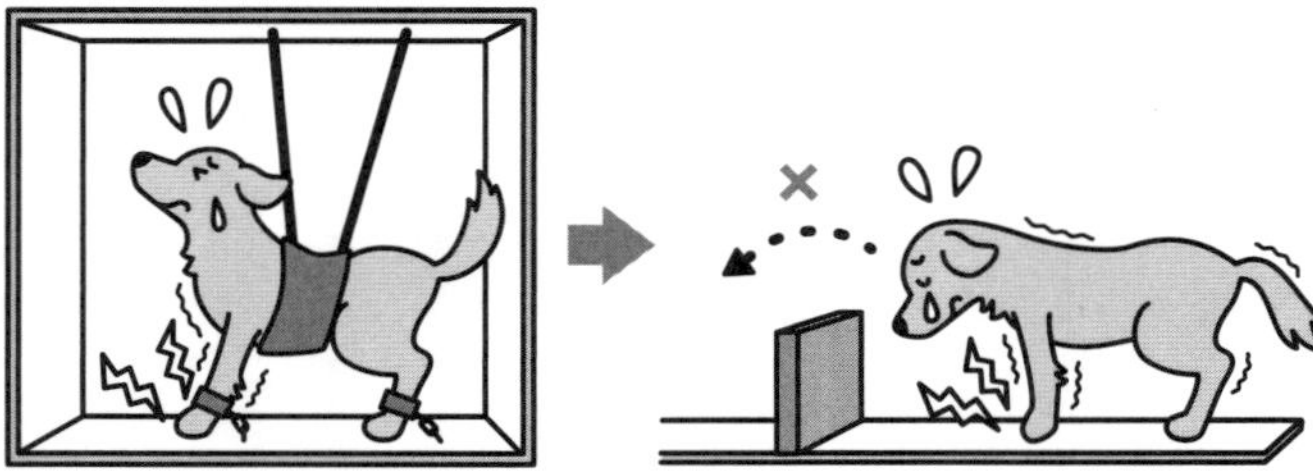
無気力になったイヌ
逃げられるのに逃げなくなる

また別の実験箱に入れられて、ここでもしつこく実験箱の床から電気ショックを受けるのだが、今度は環境が異なる。

どういうことかというと、実験箱が低い板で仕切られていて、その仕切りをヒョイとまたいで隣に移動さえすれば、それだけで電気ショックから逃れることができるようにつくられている。

逃げることは簡単なのだ。

つまり、さっきはジタバタしても無駄だったのだが、今度は「仕切りさえ越えたらムチから逃れられる」と条件を大きく変更したことになる。

ところが、ひとたび無気力になってしまったイヌは、もう二度とやる気を取り戻すことはなかった（図）。

さっきと同じように電気ショックを受けても積極的に動かず、逃げようともせず、甘んじて電気ショックを受けるだけだったのだ。**「気まぐれなムチ」という体験から、根本的な無気力性格になったといえるだろう。**

これと似た実験は、実は人間を対象にも行なわれている。心理学者ヒロトが注目しているのは、大きな騒音をどうやっても止められない部屋に置かれた被験者たちの心理である。

彼らは、ボタンさえ押せば騒音がピタッとやむ部屋に移動しても、もう何もせずに騒音を我慢するようになる。「何をしてもうるさい音はやまないだろう」という無力感を学んだのだ。

2-9 ムチはどうして人間に向かないか？

◉ムチは明朗会計できない

あなたがムチを与えて人を動かそうとするのなら、それを与えられる子どもや部下にとって、「こうしたらムチをやめますからね」「次は簡単ですよ、絶対にできますよ」という確実な約束を交わし、その約束が確実に担保されることが不可欠になる。イヌの実験はそれを如実に表わしている。

不確実さを感じさせるような、気まぐれなムチは許されない。

部下が営業まわりから汗して戻ってきたとき、あるときには「頑張ったな！　ご苦労さん」とほめるが、機嫌によって「おい、なんだよその汗。先方に失礼はなかっただろうな」と突っ込んだりする……。そんな上司の下で、やる気が育つはずがない。

こんな上司がいるような会社では、営業だけでなく、会社にかかわること全体に対して、頑張ろうという気持ちは薄れていく。

子どもが100点を取ってきたとき、たまたま手が空いていたら「すごいね！　見せて、見せて！」と食いつくが、疲れているときは「そう、そこに置いといて」とか、「勉強ばかりが人生じゃないぞ」などとテンションが変わる。そんな状況では、子どもは勉強だけではなく、やることなすこと全部がつまらなくなっていく。

先の実験のように、気まぐれなムチは相手の心を萎縮させ、性格を無気力へと変える。だから、「こうなったら、こういうムチ」「それは、こうしたらすぐにやむ」という明朗さが100％担保されないのなら、ムチでたきつける教育は、はなから手放したほうがよいのだ。

◉人はムチに耐えてしまう

ムチがそんなにストレスならば、人もイヌと同じように、ムチを与えられたらフリーズしたり、逃げ出してしまえばよいはずだ。本来ならそれが生き物として適応的なはずである。

しかし、子どもでも大人でも、気まぐれに叱られても急に小突かれても、すぐに行動をやめるどころか、むしろ、まだまだ続けようとすることがある。

ムチに耐えるのだ。

どこをどうやっても叱られる状況なのに、ムチを浴びながらでもずっとやり続けてしまう。

そこが、人間が他の動物と決定的に異なるところだ。

認められなくとも、バカにされようとも、まだトライを続けるような、生物として理不尽な努力をしようとするのは人間だけである。母に無視されても父が帰ってこなくても、なんとか愛されようと努力するのは人間の子どもだけだ。

しかし、その理不尽な心理のなかにこそ、人間が人間らしい理由がある。ムチを与えられたからといって、すぐに行動をストップせずになお頑張ろうとすることで、他の動物とは違う、高次な文化を築き上げることができたのだ。

とはいえ、そんなガマンを抱えたまま生きていくことは、当然、長く耐えられるものではない。気まぐれなムチにさらされて悪化する神経症やうつ病は、大人のみでなく、幼い子どもから老年期の大人まで増加の一途である。

人間はムチからすぐに逃げず、むしろ、自分を責めてそれにいつまでも耐える性質がある。だからなおさら、どうしても人にムチを使うのならば、よほど神経質にならなくてはならない。

少しでも自信がないのならば、ムチは一切使わないことである。

◉アメとムチを長期にわたって与えると……

外発的モチベーションを育てようとすることは、シンプルなようで難しいことだ。**アメとムチをちらつかせることで、目先のことを片づける「短距離のやる気」は高まるのだが、その繰り返しの果ては、完全な無気力人間なのである。**

私の経験では、カウンセリングを受診しに来ている大人よりも、その人が連れてきている子どものほうが気になることが多々ある。まだ幼いのに覇気がない子ども、違和感があるほど大人びている子ども、新しいことに目を向けない子どもたちだ。

親が病いを抱えているわけだから、当然ストレスフルで余裕がないことはわかるのだが、「ゲームを買ってあげるからおとなしくして」「ゲームをやめないと本気で怒るぞ」という、親の都合でコロコロ変わる、気まぐれなアメとムチで調教されてしまっている。そんな子どもは大人の空気を読むことに明け暮れて、子どもらしい表情がほとんどない。

受診している親ももちろん心配だが、その子どもが成長するうえで、この先さまざまな困難を抱えるのではないかと思うと胸が苦しくなる。

他人事ではなく、あなたも気をつけたほうがいい。**なぜなら、自分が優秀であったり熱心である人ほど、部下や後輩や子どもを、「叱咤」というムチや「報酬」というアメで鍛え続けようとする傾向があるからだ。**

相手の表情は冷めきっていないか、無気力になってしまっていないか、十分に気を配るべきだ。

アメとムチで目先の問題は片づいたとしても、ある日急に会社に来なくなったり、部屋に閉じこもりっきりになってしまうことが少なくないことを、あらかじめ知っておくべきだ。

2-10 それでもなぜ「アメとムチ」なのか？

ここまでお読みになった人は、以下のことを感じ取っていただけたと思う。

①アメとムチは速やかに効く
②しかし、そのテクニックは単純に見えてとても難しい
③そのわりには短期間しか効果がない
④長期運用していたら、根本的な無気力人間を育ててしまう

こうしてまとめてみると、外発的モチベーションを高めることは、ペットや動物に曲芸を教えたり、しつけを施したりするには非常に有効なのだが、人間に対しては、意外と不向きであるといえそうである。

◉「アメとムチ」による教育が広まったワケは？

「目先のことをやらせる」には効果があるのだが、その教育パターンを繰り返していると、あなたはとんでもないしっぺ返しを食らうだろう。

それでも、なぜ「アメとムチ」による教育が、誰しも知っているくらいに広がり、なお重視されているのだろうか。

そして、それは本当に正しいのか。

あらかじめ、先にポイントをまとめておこう。

①「なまけ者の心理学」という人間観が、アメとムチを支えている

②しかし本当は、アメとムチではなく「自分で」生きたい欲求が強い

以下、これらについて検証したい。

2-11 アメとムチにこだわる「人間観」

行動理論の心理学者は、もともとは動物実験での正の強化・負の強化のメカニズムをつまびらかにしていたのだが、スキナーの実験あたりから、**それが人間の教育にも使えるのではないかということにまで波及され検証されてきた。**

スキナーは、自身の甥っ子を対象にさまざまなことを試している。

◉アメとムチは人間に不向き

私自身も、若い頃はそのシンプルな実験モデルに魅了されて、どういう仕掛けを提示すればどんな行動を引き起こすのかということを、夢中になって実験したものだ。

しかし、病院でのカウンセリングの経験を重ねるうちに、しだいにアメとムチの行動理論を利用した「**行動療法**」等の難しさや限界を、目の当たりにすることとなったのだ。

理論をそのまま人間に当てはめようとすると、たしかにすぐに行動が変わるので、クライアントの家族には喜ばれる。しかし当人は、すぐに、またほかの悩みで不調をきたして、結局いちからの再受診が始まるパターンが多いのだ。

たとえば、不登校の子どもが適切なはずのアメとムチで学校に行けるようになっても、それは形のうえの話だけで、必ずといってよいほどさらに大きな心の困難を抱えて戻ってくることになる。**半年くらいは登校できたとしても、そのあとになって、根本的に家に引きこもってしまうことは少なくない。**

大人の「引きこもり」の場合も同じである。外に出ることができるようになっても、アメとムチではすぐに限界がくる。そういうものとは関係のない、心の内面の解決が必要なのだ。

やはり、アメとムチの行動理論は、「短距離の行動」には大きな変化をもたらしてくれるが、さらにその未来につながるような、根源的なエネルギーを与えられるものではない。

◉「なまけ者の心理学」

外発的モチベーションでやる気を持たせるのは、長い目で見ると、人間には不向きである。

不向きであるだけでなく、それを繰り返して目先のことをさせてばかりいたら、根本的に無気力な性格になってしまうことも明らかだ。

にもかかわらず、なぜ「アメとムチで人間をコントロール」という仮説で研究は進められるのか。また一般的にもこの考え方が根強く残り続けて、誰もが教育に活かそうとするのだろうか。

それを考えるには、「人間観」の問題にまで踏みこむ必要がある。アメとムチのしつけにこだわってしまう人は、心理学者が比喩的に使う「なまけ者の心理学」に哲学的信念をおいているように思われる。

どういう意味かというと、それは「人間はそもそもなまけ者である」という前提で、「人間は本当は何もしないはずの存在である」という考え方だ。

人間は本当は何もしたくないのだが、のどが渇いたりお腹がすいたり、叩かれたり電気ショックを与えられたり……、そんなストレスが生じたら、はじめて「やる気」

をもってそれを解決しようとする。そういう人間観である。

代表的な理論としては、心理学者ハルの唱えたものがある。彼は、生き物はのどの渇きや飢えや、ムチや電気ショックのような「ストレス」を低めるために、はじめて動くのだと主張した。生き物は、とにかく「ストレスをなくそう」とすればやる気が出るのだ。この考え方を**動因低減説**という。

たしかに、私たちは働くことによってお金をもらって、それを衣食住につなげて頑張っている。そして、将来へのお金の不安や社会から孤立する焦りといったストレスが少しでも減らせるように、仕事や勉強に励んでいる側面がある。

しかし、そういうものがなければ「本当は何もしない存在である」という、この人間観は正しいのだろうか。

本当に、アメやムチがなければ、人は頑張らないのだろうか。

2-12 人間は本当になまけ者なのか？

１９５０年代に、アメリカやカナダでは「人間は本当になまけ者なのか？」を検証する実験がいくつも行なわれている。つまり、**ストレスフリーであればもう幸せで、衣食住が満たされたらそれでOKなのか、ということである。**

まずは、かなり高額なバイト代を出すという条件で、実験に協力してくれる学生を募集する。

仕事は何もなくて、三食昼寝つきでただゴロゴロしていればOKである。それを何日続けてもよくて、長く続けるほどお金を稼げるというシステムである。

私など、真っ先に参加しそうな好条件である。

実際の参加者のなかには、休み中ずっとこのバイトをして車を買おうと考えた学生もいたという。

◉ストレスフリー生活の末路は？

何もやらなくていいバイトだが、実際には何もできない感じである（図）。手は筒をつけられて、ものをつかむことはできない。目にはくもりガラスのメガネをかけられて、音も聞こえないようにしてある。ジャマな訪問者もない状態だ。

とはいえ、食事とトイレのときは筒もメガネもはずしてもらえるわけだから、飢えも乾きも、面倒な訪問者も電気ショックのような痛みもない、つまり**生理的には完全にストレスフリーの「ただゴロゴロ」が担保されている。生物としては至福の状態だ。**

高額の報酬と食事と安楽。もしも、人間が「必要なければ動かないなまけ者」だとしたら、このバイトを学生たちは永遠に続けるはずだ。

ところが、ほとんどの学生は2～3日ももたずに根を上げてしまう。

そして口々に、「もっと体を使い、頭を使い、気を使う仕事で、給料が低くてもかまわない。お願いだからこの仕事だけは勘弁してくれ」と言い出す。理論と反して、実際は次々とリタイアしていったのだ。

この実験を行なった心理学者ヘロンが注目したのは、それでもなお「まだこのバイトを続ける」といって、数日間この状況を我慢した学生たちである。**彼らは数日経つ**

■感覚遮断実験

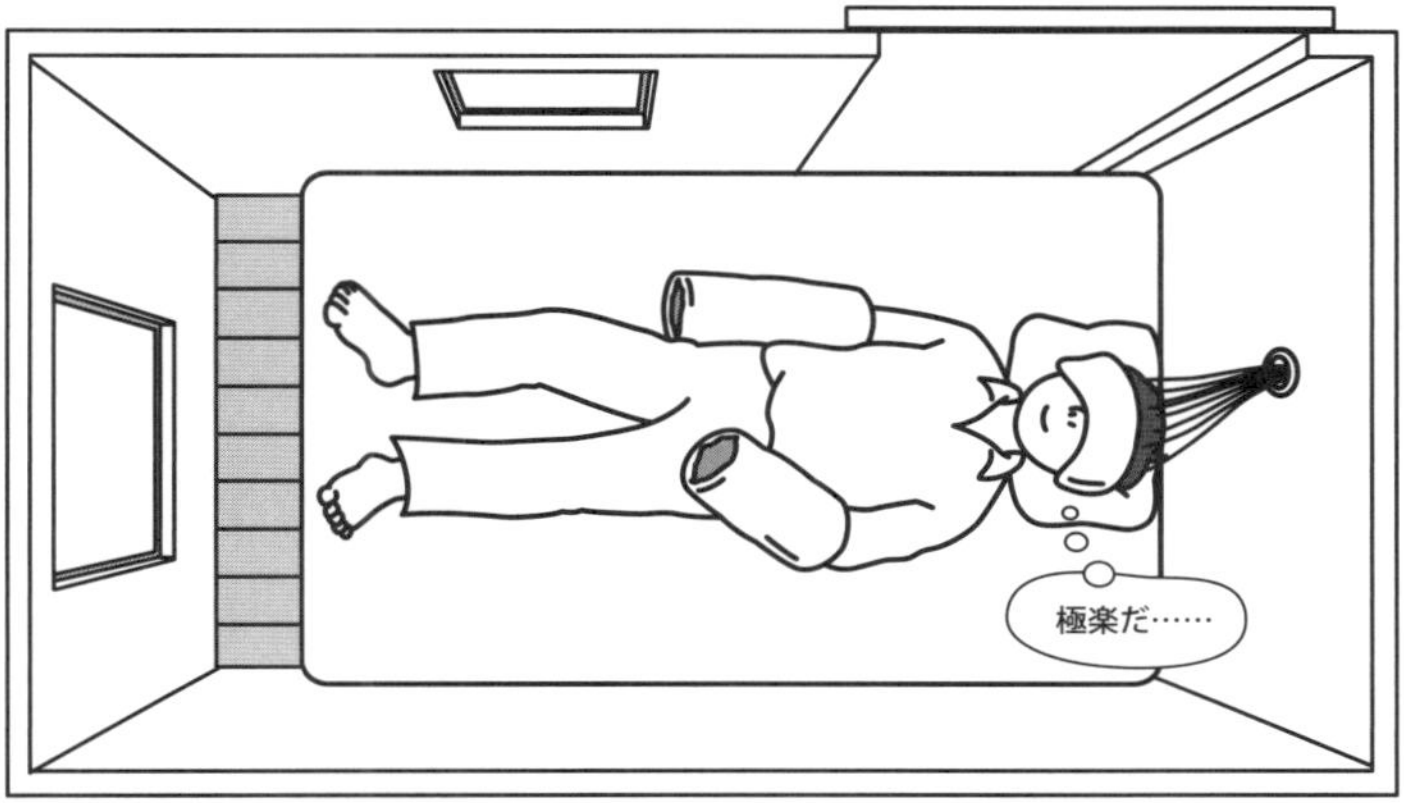

と、簡単な計算もできなくなったり、幽霊などの非現実的な話を鵜呑みにするようになったり、ありもしない幻を見るようになったりしている。

ストレスフリーの生活は、至福どころか、なんと一種の洗脳状態をつくり出してしまうのだ。

ちなみに、その学生のメガネを少しの間はずして電話帳を与えてみると、それをむさぼるように読み始める。ラジオで株価情報を流せば、興味はないはずなのに、社名と数字が延々と続くだけの放送を必死になって聞くという。

実験終了後もこうした異常性がなかなかもとに戻らないこともあったため、この**感覚遮断実験**はその後禁止されている。

2-13 人間はやりがい、生き甲斐を絶えず探している

ストレスフリーは、至福どころかメンタルに異常をきたす。人間はなまけ者どころか、きわめて働き者であるということが浮き彫りになったのだ。

だから、アメとムチのような外発的モチベーションで「目先のこと」はできるが、それで「これからもずっと」やる気を燃やし続けることはできない。

私たちはアメとムチとは関係のないところで、「なんでもいいから取り組みたい」と強く思う生き物である。報酬や罰とは関係なく、「好奇心や充実感を満たしながら生きてみたい！」と願う欲求が、人間の心の骨格なのである。

あなただって、何か面白いことないかなぁ、と思ったり言ったりすることがあるだろう。でもその「何か面白いこと」というのは、家で毎日ゴロゴロしているとか、毎日テレビを見続けるようなことではないはずだ。

ほんのちょっとしたことでもいい。何かもっとやりがいのあること、興味の持てることを、私たちの心は生涯、探し続けるのだ。

◇　◇

この章で述べてきたことは、一貫して「短距離のやる気」の育て方であった。

短距離のやる気は、アメとムチを間違えずに使えばどうにかなる。しかし、人間は目先のことを「とにかくやる」ことはできるが、それをただ繰り返しているのでは、人生に満足できない。

もっと先のこと、もっと楽しいことを自分がやってみたいという「長距離のやる気」を耕さなくては、そのエネルギーはすぐに尽きてしまうのだ。

次章では、長期的にやる気を継続させ、イキイキとした意欲に満ちた人へと導くには、どのような育て方が必要なのかについて見ていく。

第3章

「自分でできそう！」を育む

長距離のやる気の育て方（期待編）

この章のポイント

よいことをしたらアメを与え、悪いことをしたらムチを与える。そうやって高めることができるやる気のことを、「外発的モチベーション（extrinsic motivation）」と呼んだ。それでは、必ずと言っていいほど壁にぶつかってしまうのは、これまで述べたとおりだ。

そういうときには、もう一つのやる気のメカニズム、すなわち「内発的モチベーション（intrinsic motivation）」に訴えるようなアプローチに切り替えればよい。

「人はパンのみにて生くるにあらず」という言葉のとおり、人間はご褒美や報酬だけを求め、それだけをよりどころにして生きているわけではない。もっと精神的な充実、生きている手応えといった、「内」的な満足感を求めて、そこにやる気を見出そうとする存在である。

では、内的な満足感とは、具体的にはどんなものだろうか。人はどんな気持ちを感じたときに、心のなかが明るくなり、やる気をもって生きていけるのだろうか。

●長距離のやる気を育てる「心理公式」

その一つは「期待（expectancy）」であり、もう一つは「価値（value）」であると、心理学者アトキンソンは唱えた。平たく言うと、期待とは「自分はこれができそうか」という気持ちのことであり、価値とはその対象に「魅力があるか」という気持ちのことを指す。

たしかに、「できそうか」「魅力があるか」という2要素は、何かに自発的にトライするときには欠かせないものだ。

恋愛にたとえてみよう。

合コンで知り合った人と、おつきあいしようか迷うとする。

そのとき、「向こうは完全に自分に気がある（期待100）」であっても、「まったく好みではない（価値0）」という状況だったら、告白したりデートに誘ったり、という内発的モチベーションはわきにくいだろう。

その反対に、「相手はまさに高嶺の花（価値100）」と思っても、「自分はまったく相手にされていない（期待0）」という状況だったら、やはりアプローチしようとする気持ちは小さくなっていく。

心からのやる気がわくのは、「これなら自分にできる!」という期待と、「これは素敵だ!」という価値の、両方ともが満たされたときなのだ。

勉強でも人間関係でも、あらゆる内発的モチベーションはこの理論で説明できることが多い。

「できそうか」という気持ちと、「魅力があるか」という2つの気持ち。この掛け算で、私たちの心は膨らんだり縮んだりするのだ。

・「期待」×「価値」=モチベーション

この式のように、足し算ではなく、掛け算であることがアトキンソンの理論の特徴となる。

片方が0ならば、たとえ片方が1兆でも解は0となる。彼は、これを「期待×価値理論」と呼び、その考え方は、心理学における「モチベーション研究」の基盤となっている。

現在も、これをくつがえすような、シンプルながらも説得力のある理論は存在しないと私は思っている。

■モチベーションと期待、価値との関係

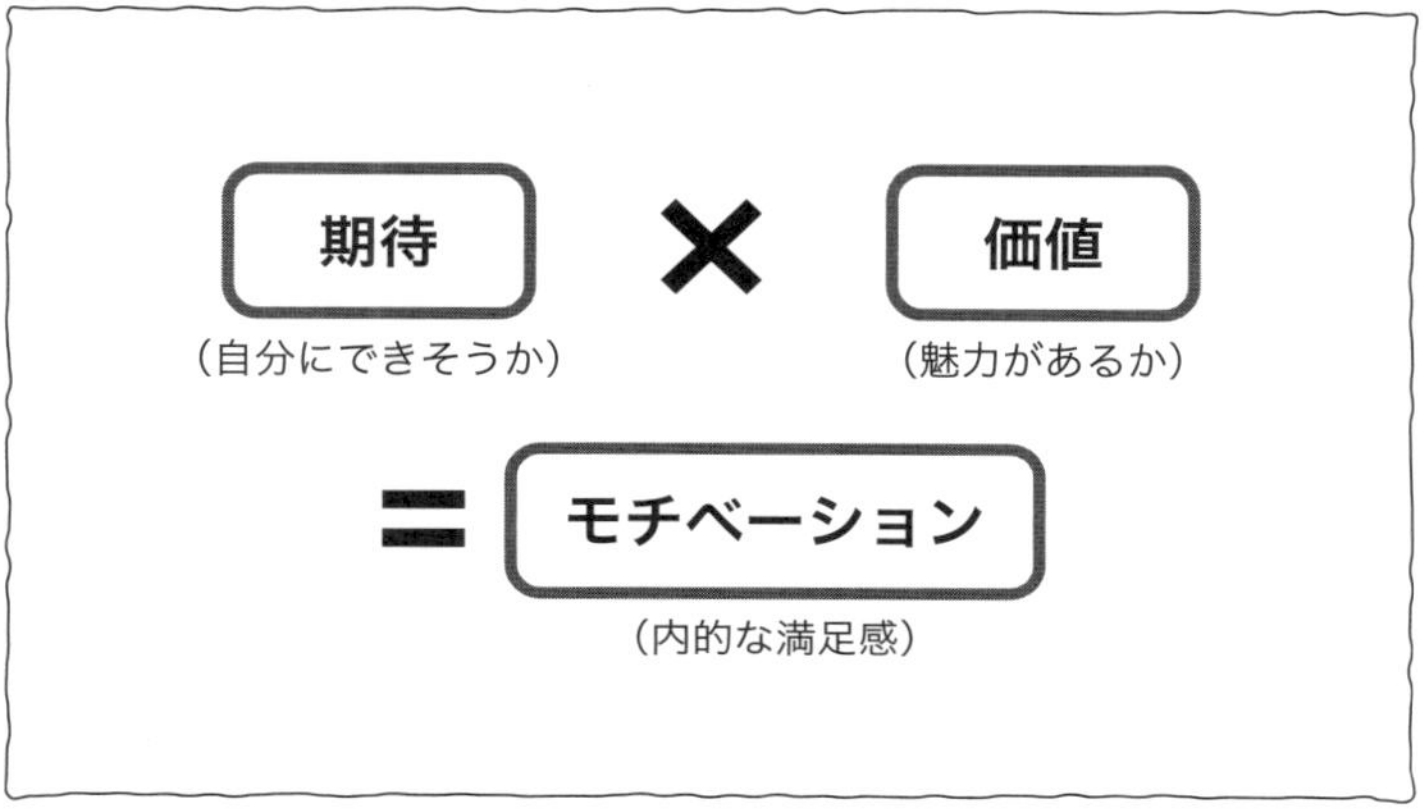

したがって、本書ではこの理論を軸としたうえで、さらに、具体的にどういう働きかけをしたらよいのかという、実践的な「人の育て方」に踏み込んでいきたいと思う。

実践的な場面において、期待や価値をどう提示していけばよいのか。

会社のリーダーや子育てをしている人は、どうしたら相手の「期待」と「価値」を育て、ひいては、アメやムチに振り回されず、心からイキイキと動き続ける人を育てることができるのかを考えていく。

このうち、第3章では主に「期待」について、第4章では「価値」について解説する。

3-1 壮大なスローガンはなぜピンとこないのか？

◉「大志を抱け！」と言われても

目標を立てること――。これは、やる気を出すための第一歩である。相手が子どもでも大人でも、まずは目標をはっきりと示してあげることは、やってみようという気持ちを引き出すことの基本である。

目印のまったく見えない大海原を、ひとりで泳ぎ続けるのは難しい。

しかし、実はその目標の内容によっては、かえってやる気を失ってしまうこともある。あなたは、相手の心を動かすような適切なレベルの目標設定をしているだろうか。

人がやる気をなくす目標とはどんなものかというと、それは、はるか遠くの大きすぎる目標だけが、バーンと示されているときである。

私が見たことがあるのは、小学生に「追いこせ野口英世！」「目指せ世界水準！」、社員に「グローバル展開へ心をひとつに！」「100億円企業へ！」、管理職に「システムの抜本的見直しを！」という途方もなく大きく、そしてざっくりした目標だけを唱えさせている塾や会社である。

たしかに、大志を抱くことは美しいし立派であるには違いない。大志を抱かなければ、人は明るい気持ちになれないし、大胆な行動もとれないものだ。

ただし、注意を払わなければならないのは、それだけに心にとってはたいへんな負担となることである。**大目標だけを与えていたら、かえって相手のやる気をどんどん削いでしまいかねない。このメカニズムを、あなたは知っておく必要がある。**

●ネズミの憂鬱

これについては、心理学者セリグマンらの研究がある。

例によって、ネズミを対象に電気ショックを与えるのだが、そのときに、

①　パネルを1回だけ押せば止められるグループ（小さな目標）
②　何をしても電気ショックが与えられてしまうグループ
③　パネルを8回押せば止められるグループ（大きな目標）

の3群をつくった。

そして、それぞれの経験がどれくらいストレスフルか調べるために、のちにネズミを解剖して胃潰瘍の大きさを調べた。さて、どのグループのネズミが一番しんどい思いをして、大きな胃潰瘍をつくってしまったのだろうか。

まず考えられるのは、前章の「ムチの与え方」の項目で述べたように、②の状況が最悪だということだろう。ずっとショックを与えられることで、「何をしてもどうせムダ」という根本的無気力を感じるのだから。

しかし、結果は必ずしもそうではない。なんと、ダントツで大きな胃潰瘍ができていたのは、③の「8回押せばOK」のグループだったのである。

たしかに、8回もパネルを押すことは、ネズミにとっては途方もなく難しいことではある。とはいえ、「頑張ればなんとかなる」という環境には違いない。だから頑張りがいがありそうにも見えるのだが、実は、そういう環境こそが生き物にとって最もつらいのだ。

「8回押そう」という大目標を課されたネズミは、一切目標を課されずに「何をしてもダメ」という状況のネズミ以上に、具合が悪くなる。

研究の結果をまとめると、「①：1回のトライでOKなグループ」＜「②：何をし

■大きな目標と小さな目標

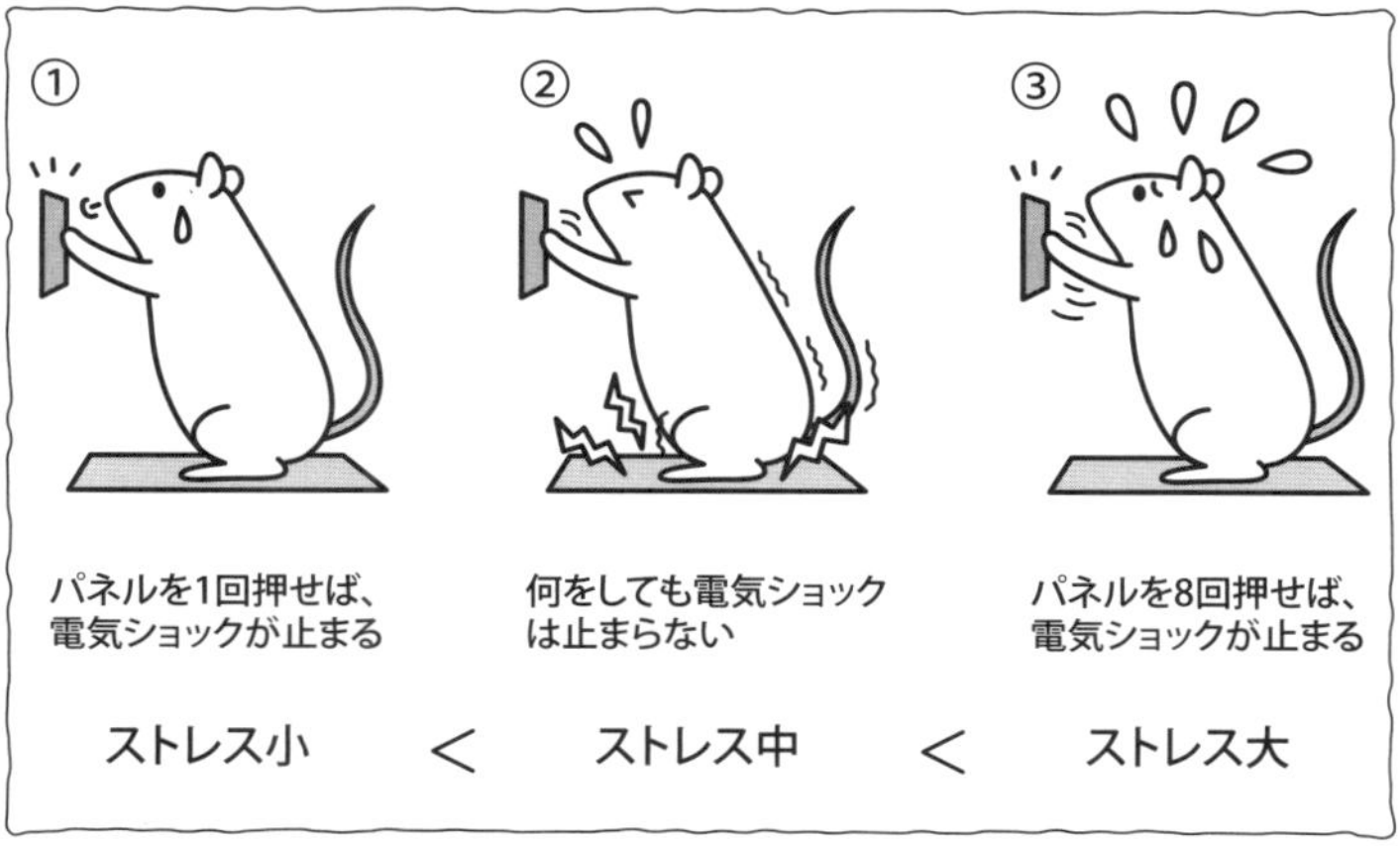
①
②
③
パネルを1回押せば、電気ショックが止まる
何をしても電気ショックは止まらない
パネルを8回押せば、電気ショックが止まる
ストレス小 ＜ ストレス中 ＜ ストレス大

てもダメだったグループ」＜「③：8回のトライでOKなグループ」という順にストレスが高まるのだ（図）。

◉ものすごく頑張りたくはない

これを言い換えれば、**「為せば成る」が一番よくて「為しても成らない」が悪い状況なのはたしかであるが、「ものすごく為せば成る」の環境は、何にも増して最悪であるということだ。**類似した研究も多数あるが、押しなべて同じ結果が出ている。

たとえ為せば成ったとしても、「そのためにものすごく頑張らなければ！」と言われるくらいなら、はなからお手上げ状態のほうが、実はまだマシという心理を表わしている。お手上げ状態であれば、それはもう人のせいにできるが、「ものすごい頑張りをすれば」という状態は、それをできない自分を責めることになるからだ。

あなたの子どもや部下は、このネズミと同じような状況に陥っていたり、本人がそう思い込んでいたりしないだろうか。大志を抱かせることは教育のかなめではあるが、それだけをポンと与えられている状態では、しだいに頑張る気持ちが薄らいでいくばかりか、しだいに心身を崩してしまうことに注意していただきたい。


もちろん、ときには「甘えたことを言うなよ。これは仕事だろう！」「いっぱつ、気合いで乗り切ろうね！」などと、ざっくりとハッパをかけられることで、人は案外と乗り越えられることも少なくない。

しかし、それは**瞬間的な後押しだからこそ成立しているのである。たまにだから可能なのであって、四六時中、大きな要求ばかりをしては逆効果なのだ。**

私は企業などでメンタルセミナーを行なうことも多いが、大きなスローガンだけを唱えさせられて、「じゃあ、あとは頑張れよ！」と放置されている会社の社員には、精神疾患リスクの確率が高いことを常々感じている。

大きな目標だけを、やみくもにゴリ押ししていないかチェックすることが必要だ。

3-2 どうしたら目標にリアリティを感じさせられるか？

◉遠隔目標と近接目標

心理学では、「遠隔目標」と「近接目標」を分けて考える。

人の心に「期待」を生み出すためには、このどちらもが確保されている状況が必要である。

遠隔目標とは、前項で例に挙げた「追いこせ野口英世！」「グローバル企業へ！」といったスローガン的なものや、「難関校の合格ラインに！」「新規の取引先30社！」というような大枠のことで、いきなり遠くにポンと立てられた旗のようなものを指す。ネズミにとっては、「8回押せばＯＫ」という難しい目標である。

それに対して近接目標は、その立てられた旗へと近づくためには、「じゃあ今日は

何をしたらよいのか」「1週間でどこまで進めば間に合うのか」といった、いますぐ動くための具体的な目印を指す。

◉分割して考える

フルマラソンでは、42・195キロが遠隔目標となる。選手たちはその遠いゴールを目指して走るわけだが、コーチの指導や自分の経験から、「この地点まではこのタイムで」「折り返しまでにこのくらいのエネルギーを残して」などと、わりとしっかりと走り方を組み立てている人が多い（図）。

つまり、頭のなかにはかなり細かい近接目標を設定しているのだ。

また、目の前に他のランナーが走っていると、あの人を追い越すぞ、と俄然やる気が増すが、誰も視界に入っていない道のりは、かなりしんどく感じるともいう。目の前の人という近接目標があれば頑張って走れるが、それがないと心がしんどいということだ。

このランナーの心理は、会社で働く人にも、勉強をする人にも、ダイエットをしている人にも、闘病をしている人にも、みな同じように当てはまる。

■遠隔目標と近接目標

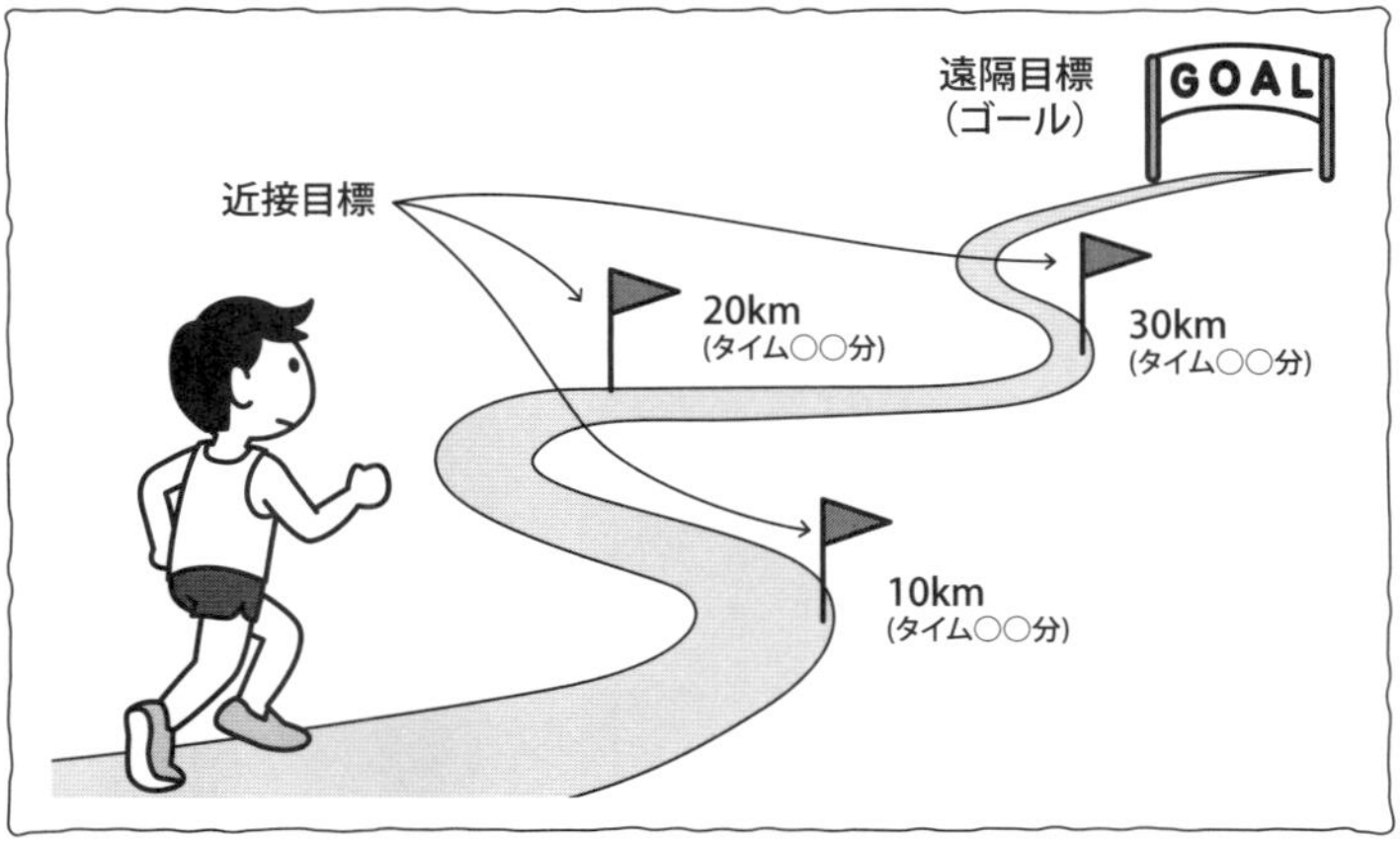

遠くの希望を目指すとき、それにつながるような「目下の目標」が与えられて、それをこなしていけば大丈夫だと明確に示される状況――。これが、誰にとっても必要なのだ。

「１００点を目指そう、はい勉強！」「モデル体型になろう、はい運動！」という遠隔目標だけの状況では、できそうだという「期待」は低くて当然だろう。

かくいう私も、出版社から、「本を書いてください、先生にお任せします」という遠隔目標をもらうだけでは必ず途中でメゲてしまうので、「どのくらいの期間で、何枚書けばよいですか？」と、こまめに近接目標を示してもらいながら、自らの「期待」

をなんとか確保している。

遠い目標は、近い目標とセットにして提示されなければ、ストレスがかかるだけである。遠隔目標を与えたら、それにつなげるための近接目標も設定されることで、はじめて人はやる気を出し続けることができるのだ。

大きな借金の支払いがある場合は、現実性のある分割払いの額が提示されなければ、ついには返済を放棄して逃げ出したくもなるだろう。

3-3 三日坊主はどうやって防止する？

近接目標を設定することが重要なのは述べたとおりだが、その際、次の2つのことが、人を育てる立場の人には求められる。

◉自分でゴールを設定させる

まず1つめは、大目標はあなたが提示したとしても、**近接目標は本人に設定させる**ように促したい。

その理由は、**他人が立てた目標には、どこまでも「他人事」のような気がして責任を感じにくいからである。だから少し面倒になったときに、「どだい目標がよくないよね」ということにしてしまって、おのずと、手抜きやサボりのための、心理的な口実になってしまうからだ。**

たとえば、ニュースで手抜き工事やずさんな仕事などが取りざたされることも多いが、それらはたいてい、「だって会社が決めたことだから」「なにしろ役所が無理なことを言うから」と、どこか他人事のような感覚を抱きながら、ハイハイこうすればいいのね、とこなしてしまったときに生まれる結果ではないかと感じる。

「誰の問題でもない、あなたの問題なのだ」というメッセージを伝えるためには、とにかく自分で小さなゴールをつくらせることが大切である。

これは子どもでも同じである。

心理学者バンデュラは、小学生の算数の学習において、自分で近接目標を立てた子どもは実際に成績が伸びるが、大人から与えられた目標だけで勉強した子どもは成績が伸びないことを示した。

自分で立てた計画だからこそ、子どももハッスルすることができるのだ。人から与えられた目標で勉強した子どもは、何も目標が与えられなかった子どもと同程度のハッスルしか見られなかったという現象も示されていて興味深い。

◉目標を大勢の人と共有する

近接目標を設定する際の留意点の2つめは、**立てた近接目標は、できるだけ多くの**

人と共有することである。

いくら効率のよい目標を立てることができたとしても、孤独な状態であれば、それを成し遂げることは難しい。

私は、アルコール依存や薬物依存に苦しむ人のカウンセリングをすることが多々あるが、断酒や減薬・断薬という遠隔目標どころか、「今日1日を飲まずに過ごす」という近接目標でさえ、どれだけ難しいことかと実感させられる。

だから、「朝飲まない」「昼飲まない」「夕方飲まない」「寝る前飲まない」……、こうしたかなり細かな近接目標を立ててもらう。そして、その達成度合いを聞いてともに一喜一憂したり、依存の背景にあるストレスの相談にのったりする。「すぐに治る」と甘い読みをしている場合などは、一緒に近接目標を変えていくアドバイスをすることもある。

そうやって、二人三脚で断酒や減薬というゴールを目指すのだが、正直言って、カウンセラーとクライアントの二人でできることには限界がある。

クライアントは恥ずかしがって最初は躊躇するのだが、たとえば断酒会や断薬会といったグループワークに参加してもらって、多くの人と近接目標を共有し、その経過を励まし合うほうが、個に閉じたカウンセリングよりも圧倒的に効果がある。

頑張っているのは自分だけじゃない、しかも、自分の近接目標を共有してくれる人がこんなにいるんだ……。**その気持ちは、一人歯を食いしばって泳いでいると思っていた海原で、よく見たらあそこにもここにも人がいた！　という発見の感動であり、心を奮い立たせる原動力となる。**孤独な状態ではありえないことだ。


子どもが勉強の計画を立てたら、それを一人で抱えさせるのではなく、できれば家族中で共有したほうがいい。

はじめは照れていやがるかもしれないが、近接目標の各段階ごとに、「一緒に頑張ろうね」と声をかけて、「あなたの目標は、あなただけの問題じゃなくて、みんなで目指していることなんだ」というメッセージが伝われば、張り切る気持ちとやりがいがまったく違ってくる。

これは、会社組織にいる大人でも同じだ。目標達成の意欲をはばむのは、孤独なのである。

3-4 難なく目標をクリアできる人は何が違うのか？

◉「後回し」という決断

遠い目標と、それにつながる近接目標を設定できたら、**次に考えるべきは、「どれから手をつけるか」いうことだ。**

実際は、業務内容などから必然的に順序が決まってくるものもあるが、よく見ると、やるべきことが横並びで、どれから取り組んでもかまわない場合だって少なくない。

たとえば、事務的な仕事をある程度任されている場合は、どこから始めて、どこを後回しにするかということは、個人が融通をきかせることができる。学校の宿題でも、わざわざ苦手な科目や難しい問題から始めなくても、片づけやすいものからやっていくことは十分可能だ。

しかし、特に日本人は、与えられたものから順番に解決しようとする傾向がある。それは心理学的に考えてかなり損なやり方だ。

リーダーであるあなたは、提示されたものの順序にこだわらせるのではなく、**成功確率の高いものを見つけて、難しい案件は思い切ってスキップさせる習慣をつけさせるのが正解である**（図）。

なんであっても、とにかく簡単なものから手をつけさせるように指導するとよい。

◉はずみが大切

たとえば顧客リストの一番上、「ア行」から電話をかけたりメールを送ったところ、たまたま最初の3～4件が不調に終わったとする。

すると、やはりどうしても電話の声に勢いがなくなるし、押しも粘りも弱くなってしまうだろう。その結果、当然取れるはずだった「ハ行」や「マ行」の顧客の契約を、みすみす逃しかねない。すると、さらに自信を失うし、期待は降下するいっぽうだろう。悪循環である。

やはりここは、**成功の「確実性」の高そうな相手から順番にアプローチさせ、そこでの成功ではずみをつけさせよう。そのノリで次第に難しい課題へと向かうようにさ**

■難易度の低いものから着手する

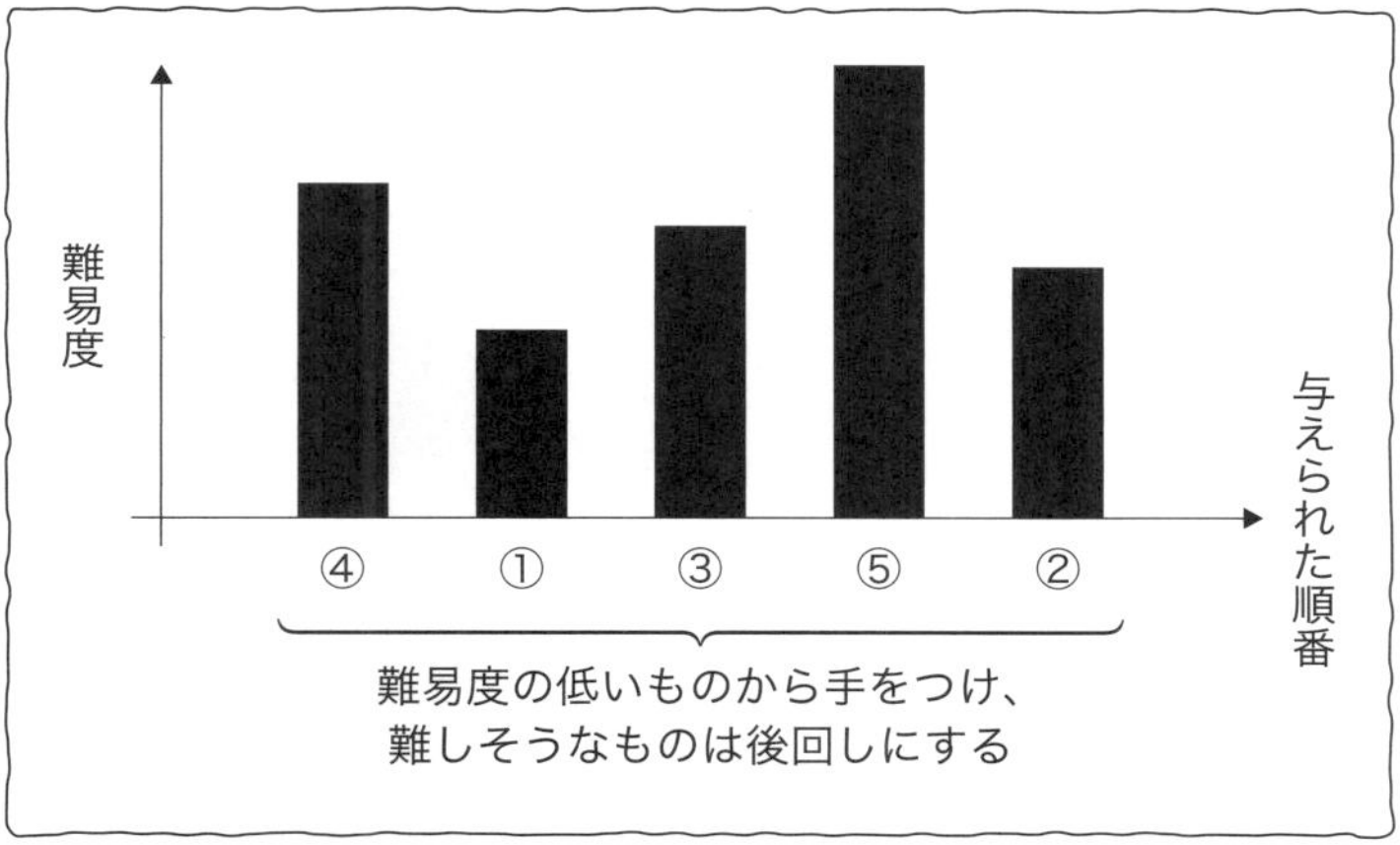

せたい。そうすることで、できそうだという「期待」は膨らみ、結果的に高いパフォーマンスを出せるものだ。

この発想を、受験勉強のときに習得した人もいるかもしれない。

一定の時間内で合格点を得るためには、それこそ馬鹿正直に1問目から挑むのでは不利なだけだ。まずは、ざっとテストの全容を見渡して、「あ、これは知っている」という、絶対に正解できそうな問題から解いていく。難しそうなものは後回しにするのが、有効な方法である。

「満点」を取ろうとすると伸び悩むが、いわゆる捨て問題をつくって、とにかく「合格点」さえ取ればよいと考えている子どものほうがテストは得意だ。

高学歴の人ほど、万事、そういうやり方をとっていることが多い。いかに気分よくやれるかということが、高いパフォーマンスと密接に関係しているのだ。

ビジネスでも、難しい案件で足踏みしている部下がいたら、いったんブレークを入れさせよう。そして、**「解決しやすそうな案件」や「自分にとって得意な部分」から手をつけさせよう。コスト感を引き下げることが、「期待」の感情にダイレクトに結びつく。**

子どもや部下に対しては、まずは、できることから先に埋めさせて、自信をつけさせることが肝要だ。

それから、難しい課題へのはずみをつけてあげることが大切である。

3-5 揺るぎない自信はどうしたら生まれるのか？

ここまで述べてきた項目に共通することは、「**相手に、いかに気楽に思える目標設定をさせて、安心して取り組めるような状況をつくってあげるか**」ということである。そういう工夫をしてあげることによって得られる「期待」のことを、心理学者バンデュラは「**自己効力感**（feeling of self-efficacy）」と呼んでいる。

一般的に「自己効力感」といわれてイメージされるのは、「自分が頑張ったら、いい結果を出せるんだ！」という自信だろう。

しかし、それは自己効力感のなかの一部に過ぎない。バンデュラはそういう自信のことを「結果期待（outcome-expectation）」と呼んで、もう1つの「効力期待（efficacy-expectation）」という概念と区別した。結果期待が「頑張ればできる」だとしたら、「効力期待」というのは、「実際、自分は本当に努力できそうなのか？」と

■効力期待と結果期待

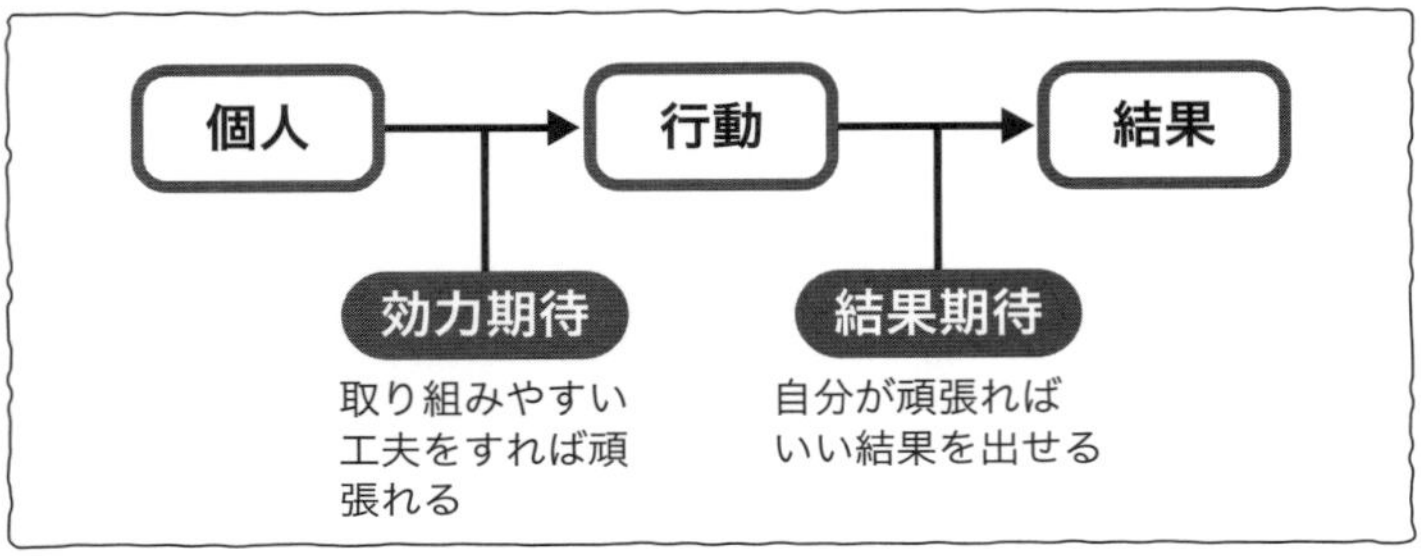

いう気持ちのことを指す（図）。

実は、ここまで述べてきたことは、この「効力期待」のほうを、強く意識させるための方法なのである。「あなたが頑張れば世界は変わる！」という当たり前の結果期待だけではなく、「こうやったら頑張れるよ！」という効力期待を育てることが、本当の意味での自己効力感を育むことにつながるのだ。

もし、あなたの子どもや部下が、アメとムチ以外では動かない状態になっているとしたら、この２種類の効力感のどちらかが、決定的に欠けている可能性がある。

遠隔目標だけにさらされていないか、近接目標のつくられ方は適切か、相手を孤独にしていないか、難しい箇所にこだわらせていないか……。

あなたもそうであるように、大きなゴールを目指すためには、誰しも心の伴走者が必要なのだ。

3-6 一生挫折しない人が持つ2つの支えとは?

さて、遠い目標と近い目標の2つを立てることができたら、できればさらなるひと工夫をお勧めしたい。

それは、たとえば普段の会話のなかに、こう「なりたいよね」という目的について話すだけでなく、こう「ありたいよね」という、姿やあり方、生き様について触れるやり方である。

◉2つの「自分」

「試験に合格してA校に行くぞ!」「商品がヒットするといいな!」という、**なりたい心(wish to become)への関わり方だけでは実は人の心は満たされない。**いかに優れた遠隔目標と近接目標を立てていても、それだけではなんとなくむなしさを感じてしまうときが、いつかは来るものだ。

だから、結果はともかくとして、「前向きでありたいね」「惜しみなく力を出したいね」という、**こうありたい心（wish being）についても触れることができれば、盤石となる。**

そうすると、もし計画どおりにうまく進まなくても、「でも、あきらめない自分ではいられた」「言いわけをしないでいられた」といったもう1つの支えによって、人はまた立ち上がり、目指す目標に向かっていけるからだ。２つの種類の支えがあれば、ちょっとの失敗にも折れにくい心になるのだ（図）。

この、「なりたい目標」と「ありたい目標」の両方をケアできたとしたら、あなたは凄腕のカウンセラーになれるかもしれない。

◉「ありたい心」「ありたい自分」を意識させる

「あなたの目的はなんですか？」と問われたとき、すぐさま「甲子園に出たい」「社長になりたい」というbecomeを口にする人が多いが、それとは違うことを考えている人も、実はたくさんいる。

「自分らしく活躍したい」「楽しんで働きたい」といったbeingを頭に浮かべて生き

■なりたい目標とありたい目標

●なりたい目標（wish to become）

・「試験に合格してＡ校に行くぞ」
・「商品がヒットするといいな」

＋

●ありたい目標（wish being）

・「前向きでありたい」
・「惜しみなく力を出したい」

ている人も少なくないのだ。もしかしたら、近年の若い人はそちらのほうが多数派かもしれない。

目標には、遠隔目標と近接目標という「ボリューム感」の違う2つのものがあるのは述べたとおりだが、それとともに、「なりたい目標」と「ありたい目標」という「クオリティ感」の違うものがあることにも、できれば気を配りたい。

新入社員が「新しさを大切にする自分でありたい」「信頼される人間でありたい」といった「ありたい目標」で頭をいっぱいにしているのに、上司から「とにかく来月までに○○円の売上を」といった言葉ばかりを言われ続けてゲンナリし、だんだん会社に行くのがおっくうになってしまうのは、よく聞く話だ。

反対に、「なりたい自分」だけをしっかりと持ってバリバリ努力してきた人ほど、何かをきっかけに、「それでは何かが欠けている気がする……」とか、「達成したところで、オレの人生はどうなるというんだ……」といったむなしさや寂しさに気づくことがある。

そしてある日、「もう全部やめたい」とか「自分の人生を生きている気がしない」などと、極端なネガティブ感情になってしまうことが多い。こちらは「ありたい自分」の欠如である。


自分はどう「なりたい」のか。そして、それに向かって自分は「どうありたい」のか。これは、人が一生をかけて意欲的に生きていくのに、どちらもなくてはならない車の両輪である。 周囲の人は、「夢に近づいているよ！」というかけ声と、「その姿は素晴らしいよ！」というかけ声の2種類を意識して発し続けてあげよう。

当然、相手の「できそうだ」という期待は格段に高まる。それだけでなく、この上司にはどこまでもついていきたい、うちの親にはなんでも相談してみたい、という信頼の気持ちも必ずや生まれるだろう。

3-7 教えることに限界を感じたらどうする？

◉説明上手の落とし穴

さて、目標を立てて、適切な言葉がけに成功したとしても、実はもう一つ気を配らなくてはならない落とし穴がある。

それは、勉強や仕事の仕方を「言葉で」教えるのには、限界があるということだ。

あなたがいかに説明上手であったとしても、「こんなに懇切丁寧に説明をしてもらっているのに、なんだか頭に入ってこない」「自分はよほどダメなのかもしれない」と、情けない気持ちになっている子どもや部下はたくさんいる。

そういうときは、言葉での説明を一度やめて、「**見学させる教育**」に切り替えてみよう。

うまくやっている他者や成功できている様子を、ただ観察させて、できるところをマネをさせてみる教育に切り替えるのだ。

子どもであれば、勉強なりスポーツなりで成功している先輩や大人を見せるチャンスを持たせてあげたり、大きな夢をかなえたプロ野球選手や宇宙飛行士の講演イベントなどに連れて行ってみる。

会社なら、もし伝説的な営業パーソンがいたとしたら、その営業に同行させてみたり、魅力的なプレゼンができる人がいれば、そのプレゼンを見学させるといった教育である。

この「観察学習」を、いかに速やかに取り入れるかは、やる気を育てるうえでかなり大切なポイントだ。

見せて、盗み取らせるチャンスを与えることは、「自分だってやってみたい」「やればできるのかもしれない」という期待を格段にアップさせる。

◉言葉だけでは限界がある

世の中には、言葉を尽くして説明するほうがよく伝わることと、成功例を「見せる」

ほうがよく伝わることの2つがある。

たとえば、数学の解法や帳簿のつけ方、交通のルールなど、ノウハウがはっきりしているものは、当然、言葉で説明されないとわからない。

隣の席で、数学の天才が問題を解いている様子を見たからといって、あなたまでスラスラと解けるようにはならないはずだ。

振り返れば、私たちは子どものころから、言葉によって何かを教わる経験ばかりをしてきた。学校の先生の授業や、親や先輩からのお説教などなど。それが影響しているのだろうか、社会に出て、人を導く立場になったとき、誰もがしゃにむに言葉を尽くして覚えさせようと躍起になる。


しかし、言葉を尽くして理屈を教えるよりも、適切な行動によって成功している人の働き方を「見せる」「観察させる」ほうが、数倍も効果的な場合がある。

心理学では「モデリング（modeling）」というが、相手に直接教えるよりも、他者がうまくいっているプロセスに立ち会わせたり、毎日のように観察させたりすることで、「説明されてもわからなかったけれど、自分もやってみようかな」という期待が高まることも少なくない。

◉見せることで「これならできるかも」と思わせる

心理カウンセリングの場合では、**恐怖症の治療**などにこのモデリングの考え方が応用されている。

たとえば、「スピーチすること」に対して極度の恐怖心を抱いている人に対して、「気を楽に持ちましょうよ！」「最初のひと言で惹きつけたら、あとは締めの言葉だけはっきり言えばいいんですよ！」などと手練手管をいくら教えようとしても、「いやいや、それが難しいからつらいんですよ」と、かえってスピーチへの心的ハードルは高まるだけだ。

しかし、たとえばビデオなどで、小学生が真っ赤な顔で緊張しながらも、最後まで発表している姿や、高齢者が、たとえ上手な発声ではなくとも、自分の考えを懸命に伝えているスピーチをたくさん観察させてみると、急に興味を抱いてくれる。

カウンセラーは、「いま見たスピーチはどう思いますか？」「よかったですか？ あなたもどこかマネできる点がありますか？」というように、一緒に考えるようなやり取りを何度か重ねていく。

すると、しだいにスピーチへの過剰な恐怖心はぬぐい去られていく。むしろ、自らスピーチの場を求めてトライしては、私にその報告をしてくれるようになるほどだ。**他者を観察する機会をふんだんに与えられたとき、人は「よし、ならば自分だって」と思う期待の気持ちが強くなるのだ。**

営業やプレゼンテーション、発表会、スポーツといったようなことは、もちろんノウハウがあるのが当然ではあるが、言葉で伝えようのない「カン」や「タイミング」や「センス」といった要素も多分に含まれているだろう。相手が自信をなくしていたら、口すっぱく言って聞かせる教育を、いったん取り下げてみよう。

よいものを観察させる、それをマネさせてみるという教育も適宜とり入れることができれば、また違った角度からやる気を盛り上げるきっかけになる。

3-8 正解を先に教えるのはズルい方法か？

唐突だが、次の文章を読んでみてほしい。

「新聞のほうが雑誌よりいい。街中より海岸のほうが場所としていい。最初は歩くより走るほうがいい。何度もトライしなくてはならないだろう。ちょっとしたコツがいるが、つかむのはやさしい。小さな子どもでも楽しめる。一度成功すると面倒は少ない。鳥が近づきすぎることはめったにない。ただ、雨はすぐしみ込む。多すぎる人がこれをいっせいにやると面倒が起きうる。ひとつについてかなりのスペースがいる。面倒がなければ、のどかなものである。石はアンカーがわりに使える。ゆるんでものがとれたりすると、それで終わりである。」

それでは次に、この文章も読んでみてほしい。

「その手順はとても簡単である。はじめに、ものをいくつかの山に分ける。もちろんその全体量によっては、ひと山でもよい。次のステップに必要な設備がないためどこか他の場所へ移動する場合を除いては、準備完了である。一度にたくさんしすぎないことが肝心である。多すぎるより、少なすぎるほうがましだ。

すぐにはこのことの大切さがわからないかもしれないが、面倒なことになりかねない。そうしなければ、高くつくことにもなる。最初はこうした手順は複雑に思えるだろう。

でも、それはすぐに生活の一部になってしまう。近い将来、この作業の必要性がなくなると予言できる人はいないだろう。その手順が終わったら、再び材料をいくつかの山に分ける。そして、それぞれ適切な場所に置く。それらはもう一度使用され、またこのすべてのサイクルが繰り返される。ともあれ、それは生活の一部である。」

どちらも、特に難しい単語はないので、容易に読むことができる文章だ。

しかし、わけのわからない話である。これを最後まで「ふむふむ、次にどうなる?」という興味を持って集中するのは、なかなか難しいだろう。もう無理だと思って、飛ばし読みした人も多いのではないだろうか。

そこで、前者の文章には「凧あげ」というテーマをつけて読んでみてほしい。同じように、後者の文章には「洗濯」というテーマをつけて読み直してほしい。どうだろうか。今度は、1回目に読んだときに比べれば、ずいぶんやる気を持って読むことができるだろう。

◉先に言っておいてよ！

心理学では、「こんな話をしますよ」という話の枠組みのことを「**スキーマ**（schema）」と呼ぶ。いまの実験からもおわかりかと思うが、そのスキーマを、**常に話の先頭に持ってくることができる人は、相手の「それで？　それで？」「面白そうな話だ」という関心を高めることができる人である。**

「これについて話します」というお知らせのない話は、最後まで聞けない。理解できそうにないことには、誰しも注意が向かないのだ。

子どもや部下に大切な話をするとき、あなた自身が、単に自分の話したい順番でダラダラ話しているとしたら、それは相手をあなたのペースにつきあわせていることになる。

相手は、半分以上あきらめて聞いている。「わけがわからない……」という極めて低いテンションのまま、うんうんと頷くしかないのだ。

だから、あなたがこんな話し方を日常的にしているとしたら、要注意である。「この人に聞いたってどうせわからない」「どうせ自分は理解不能」というあきらめ感を身につけさせてしまい、あなたから何かを吸収しようとは思わなくなってしまうからだ。

そうすると、あなたがいくら熱心に相手を育てようと思っていても、それは徒労に終わる。結論の見えない話は、相手のほうが片耳を閉じた感じでしか話を吸収しないので、あなたのせっかくのメッセージが届かずじまいで終わってしまうのだ。

◉正解を知るのはズルくない

勉強を教えるとき、仕事の仕方を教えるとき、相手が子どもであっても大人であっても、まずは頭に「正解」を示すべきだ。そうしないと、「聞けそうだ」「自分にもわかりそうな話だ」という期待が高まらない。

精神科医の和田秀樹氏は、たとえば数学の問題集を解くときには、まずは「正解」から先に読ませて、その後に、それに近づけるにはどうしたらよいかを考えさせる勉強法を提案している。

これはまさに、冒頭で示した文章では「爪あげ」や「洗濯」というテーマが重要だったように、スキーマを最初に見せておこうという方法だ。

これは実際に効率的であるうえに、「自分にもできそうだ」という期待を高める。勉強の王道とはいえないので賛否あると思うが、「とにかくいちから考えないとズルだ」という従来型の押しつけを取り払うことで、メンタルに優しくかつ成績アップにつながる方法であることが実証されている。

だからあなたも、べつにサプライズを準備しているわけではないのだったら、事務的な話は結論から話してあげよう。「○○の件はOK、という話をしたいんだけどね」「××はやめてって話なんだけど」など結論から始めてみれば、相手はあなたの話を「なんで？　それで？」と関心を持って聞こうとするだろう。

「自分にはできそうだ！」という「期待」の気持ちを高めるには、まずは、「この人の話は聞けそうだ！」と思ってもらう話し方をすることが最低限必要なのだ。

3-9 「この人はできそう！」と期待すると結果が変わる？

上司や親から「あなたには力がある」と思われていると、人は本当にできるような気がしてくる。「どうせ無理よ」と思われていると、本当にできないような気がしてくる。

相手が友人や配偶者であっても同じで、その人からあてにされているか、どうせできないと思われているかということは、「自分はできそうか」という期待に大きく関係するものだ。

やる気を高めるためには、あなたは、相手を一応であってもあてにしなければならない。**あてにしている、していない……、その気持ちは、実際に言葉にして告げなくとも、こわいほどに以心伝心して、実際に相手の能力を変えてしまうことが実証され**

ている。

◉ニセの情報なのに……

心理学者ローゼンタールの実験が有名である。

彼は、小学校のクラスを対象に、知能テストを行なう実験をした。そのときに、ある仕掛けをつくっている。それは、クラスの名簿からランダムに何人かの生徒をピックアップして、「先生、この生徒はすごい才能のある子どもですよ」と、学級担任にウソの断言をしたのだ。

心理学者からそんな情報を伝えられると、学級担任は、当然その子どもたちに注目して、その能力をあてにし始める。**そして驚くべきことに、1年後には、本当にその子どもたちの成績が大きく伸びていたのだ。**

ランダムに選ばれたニセの情報なのに、先生が抱いた期待感が、子どもに対して現実の結果を呼び込んだわけである。

なぜ、先生が期待することで、子どもの成績が上がったのだろうか。

その後の分析を見てみると、先生の期待が、いきなり魔法のように子どもに伝わったからというのではなく、実は、先生自身の日常の行動が変化していたからだと分析される。

あなたもそうだと思うが、「この人はデキる人」「うちの子は才能あり」と強く思っている相手には、おのずから、壮大なスローガンだけを唱えさせはしないだろうし（本章の1項）、目標までの段取りはある程度まかせるだろうし（同3項）、口すっぱく言葉で教えるだけでなく、クオリティの高いものに触れさせる機会も与える（同7項）だろう。また、何もかもいちから話さずに、ポンと結論から伝える（同8項）ことも増えるだろう。

さらに、面倒な難題は後回しにさせてでも、「確実性の高いものからやってくれればいいから」（同4項）と促したり、「さすがに、取り組む姿勢がいいよね」（同6項）といった前向きな言葉がけも、出やすくなるものだ。

相手を「すごい」と最初から決めておくことは、これまで述べたような効果的な行動を、あなたに「自然な形で」とらせることにつながる。

ローゼンタールの実験が成功したのも、教師が抱いた期待感が、教師の日常行動を「人のやる気を育てる行動」に変えたことで、結果として、本当に子どもの成績が上がったのだと考えられる。

◉期待しないことの怖さ

ちなみに、「どうせダメでしょう」と最初から思うと、本当に成績が下がることも、同じくローゼンタールは示している。怖いことである。

彼は、今度は本当に「成績のよいクラス」と「成績の悪いクラス」の2つを分けてつくった。

そして、例のように先生にはウソの情報を与える。今度はなんと、成績のよいクラスのことを「成績の悪いクラスなんですよ」と、そして成績の悪いクラスのことを「成績のよいクラスなんですよ」と、アベコベのことを断言したのだ。

先生たちはその情報を信じて指導をする。**その結果、「成績のよいクラス」の成績は大きく下がってしまい、逆に「成績の悪いクラス」の成績は上がったのだ。**

期待されないってかわいそう……、というだけのハナシではなく、期待をしないと本当に成績が下がってしまうという、かなり現実的な結果である。

◉2つの暗示の効果とは

心理学の用語では、よいと信じればよい結果につながることを「**ピグマリオン効果**（Pygmalion effect）」、反対に、悪いと信じれば悪い結果につながることを「**ゴーレム効果**（Golem effect）」と呼んで重視している。

どう重視しているかというと、たとえば若い研究者に実験方法を指導するときには、「こういう結果になってほしいな、と願う研究結果が本当に出てしまう危険性があること」を教育するのだ。

それとともに、研究をするときには、仮説の発案者、実験法を考える人、実験する人、結果を統計解析する人を、できれば別々に分担させて、仮説の発案者の「あてにしている結果」が本当に出てしまわないようにする方法を用いるのが、科学研究には必要だとされている。

ちなみに、心理学用語の意味を補足すると、「ピグマリオン」とはギリシャ神話に出てくる王様の名前である。彫刻に恋をしているうちに、神がその彫刻に本当に命を吹き込んだという逸話がある。

また、「ゴーレム」というのは、ユダヤ文化のなかで伝わる泥人形のことである。

その人形は主人の思うままに操られて行動するのだが、額の文字を消されるとただの泥に戻ってしまうという逸話がある。

本当は能力のある者が、相手から低い扱いを受けると、その力を発揮できなくなるという話だ。

◇　　◇

この章を丁寧に読んでいただければ理解されると思うが、私が言いたいのは、「じゃあ、期待してるから！」「あなたはデキる子なのに！」と、無責任にハッパをかけろということではない。

それは、そう言われる側からすると、（嬉しい気持ちも多少はあるかもしれないが）本当は心を突き放されるような気持ちになる言葉であり、孤独な焦りをかき立てるばかりのムチとなって響いてしまうからだ。

これは、あなた自身の問題なのである。心のなかで「この人は、育てれば必ずデキる人になるんだ」ということを信じ続けなければ、人を育てるテクニックをいくら勉強したとしても、その成果は発揮されないのだ。

第4章

「自分がやりたい!!」を育む

長距離のやる気の育て方（価値編）

この章のポイント

「これは素敵だ、挑戦してみたい」という気持ちは、どんなときに生まれるのだろうか。私は、次の2つの条件がそろったときにそれが可能になると考える。

1つめは、これは当たり前のことだが、「好奇心」をくすぐられているときだ。面白そう、もっとやってみたい、というワクワク感が引き出されることがまずは大切だろう。仕事でも勉強でも、好奇心を満たしたいという前向きな心がない人に対して、「そう言わずに楽しんでごらんなさい」というのは無理な相談である。

2つめは、「主人公は自分なんだ」と心のなかで信じられていることだ。家族、会社、クラス、友だち、いろいろな人間関係のどこかに自分の居場所があって、自分はこの場所に必要なんだ、と思えることである。自分なんてどうせちっぽけな存在だし、いらない人間だし……、と思い込んでいる人に、「どんどん挑戦してみよう！」と言うのは酷なだけだろう。

心理学者アドラーは、自分の居場所がある感覚を「共同体感覚」と呼んで重視している。その共同体感覚は、どんな小さなことでもよいので、「自分は役立っている、誰かに感謝されている」という「貢献感」によって支えられている。

■価値を得られるしくみ

価値＝好奇心＋貢献感

好奇心

…面白そう、もっとやってみたいというワクワク感

＋

貢献感

…人間関係のどこかに居場所があって、その場所に必要だと思える

アドラー自身、「人間の幸せとは貢献感である」と言い切っているくらいだ。

私は、このような「好奇心」と「貢献感」という2つの心が合わさったときに、はじめて価値が湧き出てくると考えている(図)。

・価値＝「好奇心」＋「貢献感」

この章では、この2つの軸、つまり「好奇心」と「貢献感」を育てる方法について、それぞれ心理学の理論から探っていく。

素敵だな、楽しいな、という気持ちを育てるには、「好奇心」と「貢献感」をどう育んでいけばよいのだろうか。

この章では、好奇心については1〜7項で、貢献感については8〜10項で解説する。

4-1 なぜ簡単なゲームはつまらないのか？

好奇心とは、文字どおり「奇」を「好む」心のことである。

人は、すでによく知っていること、わかりきっていることには惹かれない。自分がよく知らないこと、未知の世界にこそ惹かれるのだ。

これも、他の動物と大きく異なる点である。動物は、遊びにしてもエサにしても、安全で確かなものだけを好む。**未知のものを「面白そう」と思うのは、人間の特徴である。**

とはいえ、ひとつ注意することがある。それは、あまりに奇妙なものや、想像を絶する難しさの仕事や勉強に出会うと、当然ながら恐怖のようなものを感じて、逃げ出してしまうということだ。

人間が好奇心を持つこととは、なんとなく聞いたことがあったり、少しは知ってい

たりすることだが、実は詳しくは知らないことである。

人は、自分がすでに持っている情報に対して、中程度に「ん？」とズレをもたらす出来事に出会うと、足を止め、視線を注ぐ。それは、自己を広げるきっかけとなるからだ。

◉惜しい！　という魅力

心理学者アトキンソンは、小学生たちを集めて、輪投げを使った実験を行ない、この「好奇心」の源泉について示している。

まず小学生たちには、「ここから投げれば絶対に入る！」という成功率100％の位置はどこかということと、反対に「ここからは絶対に無理……」という成功率0％の位置はどこだと思うか尋ねている。

その後、その子どもたちに自由時間を与えて、どの位置から輪投げをして楽しんでいるかを観察した。**すると、子どもたちが最も多く選んでいるのは、0％の位置でも100％の位置でもなく、その中間のちょうど成功率50％の位置であった**（図）。

この実験は、人は「できるに決まっている」「できないに決まっている」とわかりきっていることには好奇心を示さずに、**「できそうかどうか、微妙にわからない」状**

■輪投げの実験

況に対して、熱心に行動することを示している。

これは大人に置き換えて考えても、同じである。

たとえば、絶対に手に入らない超高級車よりも、少し高いけど、頑張ればなんとかなりそうな車に現実的な魅力を感じるだろうし、自分とどうしても結婚したがっている相手よりも、少しムリ目な相手のほうが素敵に見えるだろう。

子どもや部下が「これ面白そうだな」「やってみようかな」と思うのは、できて当たり前の課題ではないのだ。**できるかできないかは自分の頑張りしだいという、50%レベルのことに、人は好奇心を持つのである。**

つまり、やらせようとしている仕事や勉強内容やお手伝いの内容を、相手にとって少しチャレンジングなものにしてあげるとよいことになる。常に少しチャレンジング、という環境が最適なのだ。

すると、アメやムチは必要なく、自らの好奇心によって、いろいろなことにトライをし続ける人間へと近づいていけるだろう。

◉トライするための自信

ただし、アトキンソンの研究にはもう少し続きがある。

それは、**ある程度の自信のある子どもはたしかに50%の位置から楽しむのだが、自信がとても低い子どもは、絶対に入るところからしか投げなかったり、反対に、入るはずがないほど遠くから投げたりするという現象だ。**

自信は、成功経験の数から形成される。「できた!」という経験が基礎となって、基本的な自信は育っていくのだ。

しかし、幼いころから無理難題に挑戦させられ、失敗経験ばかりを痛感させられた子どもは、「少しチャレンジング」という知的好奇心を育みにくい。

これは大人も同じだ。叱られてばかりいると、叱られないようにふるまうのが癖になってしまい、危ないチャレンジなどしたくなくなる。

さらに、チャレンジどころか、何かに挑む前に「今日はお腹が痛いんだ」「いやあ、二日酔いがひどくてね」などとあらかじめ言いわけをしたり、運動会や社内コンペのときに「一緒にゴールまで走ろうね」「大したコンペじゃないから気楽にやろうね」などと誘ったりすることによって、この課題は、はなから成功率０％ということにしてしまう。

そうすれば、失敗をしたとしても、それ以上は自尊心が傷つかずに済むからだ。

自信のなさから、とっさに言いわけの心理が働いてしまうこのタイプは、日本人には少なくない。

この、**自分で自分にハンディキャップを課しておくことを、心理学ではセルフハンディキャッピング（self-handicapping）と呼ぶが、あなたの子どもや部下がこの状態に陥っていたとしたら、まずは基礎的な自信を回復させる働きかけが必要になる。**

「できた！」「自分はやればできる！」という成功経験を味あわせ、喜びの体験を何度か重ねさせたうえで、少しチャレンジングな仕事に挑ませていく。これが人の好奇心を引き出す教育方法の一つだろう。

4-2 「面白さに気づく力」をどう育むか？

勉強や仕事が「面白いかどうか」は、意外と心の持ちようで左右されるものだ。

もちろん現実的には、面白さどころか大変なことだらけなのは、重々承知であるが、**そういう環境であるからこそ、面白さに「気づこうとする姿勢」が宝となる。**

子どもや部下を、その姿勢を持つ性格へと導くにはどうしたらいいのだろうか。

それは、相手が何かうまくいかなかったときに、あなたがどんな反応をするかによって大きく左右される。

◉親切なだけの言葉は役に立たない

子どもが、テストやスポーツの試合でよい結果が出せなかったとき、誰しも「惜しかったね」「でも次は頑張ろうね」と励ましの声をかけることがあるだろう。

しかし、それだけを繰り返していては、子どもの内発的モチベーションは、いつか頭打ちとなる。

大人も同じで、部下が営業先から手ぶらで帰ってきたときに、「オイもっと頑張れよ」「次回こそ決めてこいよ」という言葉がけをすることはあるが、それだけでは、しだいに部下はファイトを失っていく。

それは、自動車のカーナビが「その先ななめ右方向です」「目的地周辺です」と、親切に言ってくれるのと似ている。

「ああ、たしかにそうだ」と確認はできるのだが、何か心にピンとくる種類のものではない。いろいろと前向きなことを言ってくれるけれど、それにしてもやっぱり難しいなあと感じ続けたら、むしろイライラしてきて、その音声を切ってしまいたくなることもあるだろう。

そうではなく、**人が「なんだか面白い、自分で解決してみたい」と思うように導くには、少なくとも、「うまくいかない謎、フシギさ」に目をやる習慣をつけることが重要となる。**

そうでなければ、勝つまでの「策略」を立ててみようとか、なんとか奮闘してみようという、自家発電のエネルギーはわかないのだ。

◉「なんで？　フシギ！」

あなたもそうだと思うが、人は、すでに自分が夢中になっていることには、放っておいても「策略家」である。

たとえば、ゲーム、ギャンブル、趣味、恋愛など、励まさなくてもすでに熱中しているときは、誰しもうまくいくコツや方法を探り続ける。それらをテーマとしたマニュアル本や攻略法は、いつの時代でも人気がある。

なぜ、方法に目を向けることができるのか。それは、**関心の高いことに対しては、「なんで？　フシギ！　どうしてうまくいかないの？」と自らに問い続けるエネルギーが、勝手に膨らんで出てくるからだ。**

しかし、勉強や仕事をするときは、その気持ちはピタッと止まる。別人のように策略など考えない。もともとの関心が低いことや、できればやりたくないことに関して、「なんで？　フシギ！」とは思わないものだ。

もしあなたが、会社の経営者であったり、受験勉強等で成功している人であったら、この気持ちはなかなかわからないかもしれない。それは、あなた自身は、「なんで？

フシギ！」ということを感じながら、そしてそれを楽しみながら、仕事や勉強を進めることが「できる」タイプだからだ。

しかし、あなたの部下や子どもは必ずしもそうとは限らない。いや、そんな人は世の中に数少ない。

だからこそ、あなたがリーダーであるのなら、「残念。では次こそ〜」とカーナビのような言葉がけで終わるのではなく、「え！　なんで！　どうして失敗したの？」「あなたができないなんてフシギなんだけど……」と、フシギさへの感情を喚起する役割を、意識的に担うべきなのだ。

カウンセリングをしていても感じるが、他人事のようなナビをしている間は、相手の気持ちは動かない。

子どもや部下の失敗を、自分のことであるようにとらえて、「うまくいかない……。はて？　どうしてだろう？」と、本人よりも先回りしてフシギがって見せることで、はじめて相手の興味を惹くことができる。

「そうか、残念ね」という感想は、それだけでは冷たい。「なんで？　フシギ！」という励まし方はあたたかい。

相手に関与している度合いや温度感がまったく違うのだ。熱を帯びた言葉を持つ上司や親のもとで、人ははじめて、「じゃあ、なんとか解決してみるぞ!」というワクワク感へと目を向けることができるのだ。

4-3 「フシギを楽しむ習慣」をどう身につけさせるか？

「面白さ」とは、顔の「面」が「白い」さまを指している。つまり、本来の顔が、灰やチョークでまっ白になっているとき、「ヘンだ〜！　おかしい！」と思う気持ちだ。この言葉のとおりに、自分が想定していたこととと違っていたときに、人は「あれ、面白いなあ」と思う。

◉「ちょっとヘン」なのが好き

アメリカの心理学者フェイスティンガーは、これを「**認知的不協和理論**（cognitive dissonance)」と呼んだ。

音楽でも絵画でも、人は教科書的にバランスのとれた作品を美しいと感じるが、実はそれ以上に、**少し不協和で不安定なものに、かえって興味や関心を強く惹かれると**

いう理論である。

音楽では、サビの部分とそれ以外の音の高低差が、「オッ！」と思うくらいに大きいものがヒットするという法則があるそうだし、絵画でも、モナ・リザのように「ん？この微笑みは何？」という感じで、謎めいたエッセンスのあるものが永遠に人の心をとらえる。

少しの違和感、少しの矛盾こそが、人の心の琴線に触れ、記憶に根強く残るのだ。

なぜかというと、不協和なものは、私たちの「不安」をかきたてるからである。

「あれ？　何これ？　これはどう解釈したらいいんだろう？」――。

そう思うと、人は心のバランスを一瞬崩される。なんだか落ち着かなくなる。それは生物としては、実は「不快」な体験である。

だから、その湧き出てしまった不快をなんとか解消しようと、その対象を繰り返し見たり聴いたりするわけだ。

この、**「矛盾を解消したい！」という気持ちは、まさに、心の内から湧き出る興味であり面白さだ。つまり、「面白さ＝少し矛盾しているもの」という公式が成り立ちそうである。**

カウンセリングでは、クライアントが話す内容のなかの、小さな矛盾点を取り上げて話し合うことも多々ある。

たとえば、うつ病にかかっている人は「**貧困妄想**」と呼ばれるような症状を患うことが多く、「自分にはもうお金がない。今夜にも、のたれ死にしそうだ」という心配が、頻繁に頭のなかを支配する。

そう訴えている人に、カウンセラーが「いやいや、このくらいお金があれば大丈夫ですよ。景気も回復していきますよ」などと言っても、「だから、そんなことないんです」と、押し問答になるだけで意味がない。

これはあくまでも私の場合であるが、そういう人には、「え！　そんな状況でよく電車賃を使って来てくれましたね。本当にありがとう！」と感謝する。「それにしても、もうすぐ死んでしまうんだったら、お部屋は片づけました？」とあわてて心配をする。

これは何をしているのかというと、クライアントに自分で言っていることの矛盾点に気づいてもらい、「電車賃どころか、カウンセリングの診療代まで支払っている」「部屋の片づけはおろか、遺言書らしいものもつくっていない」、そんなおかしな状況に気づいて、そこを面白がってもらおうとしているのだ。

これは認知療法（cognitive therapy）のなかの一部であるが、「なんか私、極端なこと考えているなぁ」「自分が思い込んでいるほど、深刻な状況ではないのかも」というように、前向きに矛盾の解決をするように、カウンセラーが誘導しているのだ。

そして、**ゆがんだネガティブ思考**（irrational beliefs）を減らしつつ、気楽に生きていく考えグセを身につけてもらうことで、うつ病からの回復を早めることを目指している。

◉矛盾を面白がる習慣を

会社でも学校でも同じであろう。

たまたま起きた矛盾に対して、親や上司が「何をやっているんだ！」と頭からツッコミを入れて、ただダメ出しをしてかき消そうとしているうちは話が通らない。

一見、話が通っているように見えても、相手はちっとも面白くない。これを繰り返していると、自分から面白みを見つけていきたいという、内発的なモチベーションをつぶしてしまうことになる。

むしろ、矛盾とは、それだけでそもそも「面白い」ものなのだから、**そこを明るく**

ライトアップするべきだ。

「ヘンだね、おかしいね」「結果は残念だけど、なんかある意味、興味深くない?」と、あらためてピックアップし、それを相手と解き明かしたほうが、勉強や仕事は格段に面白くなるのだ。

私自身の研究は、重度の学習障害児を対象に、このことを実証している。

前章で紹介したモデリングをお互いにしながら、「あれ? ヘンだね! なんでだろう?」という**「矛盾を楽しむ感覚」**のやりとりを通して、子どもの取り組みがどう変わっていくかを分析している。

結果としては、その教育はかなりうまくいった。はじめは2けたの繰り下がり計算ができないような子どもでも、なんと16桁の計算ができるようになったケースも経験している。

「何度言ったらわかるの! 違うでしょ!」というツッコミの環境ではまったくできなかったことが、矛盾をかえって面白がる発想に導くことで、好奇心と充実感を育んだ結果と言えるだろう。

なにしろ学習障害児といわれるような子どもが、16桁マイナス16桁という、通常大人でも難しい計算にトライするような、すごい意欲を胸に秘めていたわけである。**親や上司の持つ責任は重大だ。人は矛盾をつぶされればダメになるが、ライトアップすれば伸びていけるのだ。**

部活で毎日朝練をしていたのに試合で大負けした。用意周到なプレゼンをしたのにコンペで負けた。完璧なデートの準備をしたのにあまり盛り上がらなかった。……これらは全部、「こんなはずじゃなかった！」という矛盾の山である。

「お前の間違いだ」と言うのはたやすいが、そうではなく、「テッパンの法則がうまくいかないっておかしいよなあ」「これは新しいことを考えるチャンスだよ」と促すことが、リーダーである人が担うべき姿勢であろう。

4-4 反省のパターンは4つに分類できる

◉「なんで？　フシギ！」の行く先は……

前述したように、うまくいかなかったことに対して、「なんで？　フシギ！」と思わせることと、「おかしいな、矛盾しているな？」に注目させる言葉がけが、好奇心を引き出すためには大切である。

それができたら、さらにその「なんで？」の向かう先にも、注意を払うことができれば盤石である。

リーダーに求められるのは、子どもや部下がうまくいかなくて「フシギ！」と思っているときに、「何が原因でうまくいかなかったんだろう？　それは○○のせいだったから？」の○○に何を入れて考えるのか、という個人の考えグセをきちんと把握することである。

そして、その○○を、充実感とやる気がわくような、適切な内容へと仕向けることができたら素晴らしい。

今後、相手がまた失敗を繰り返しても、そのたびに自発的にやる気を取り戻し、また前を向いて、一人で頑張れるような性格になっていけるからだ。

ではまず、あなた自身のことを考えてみよう。

あなたは、仕事や人間関係などがうまくいかないとき、「なんのせいでうまくいかない」と思うタイプだろうか。どんな反省パターンを持っているだろうか。

心理学者ワイナーは、子どもでも大人でも、仕事や勉強が「なんでうまくいかなかったか？」と自問すると、その原因（○○に入るもの）は次の4つのどれかに当てはまるという傾向を指摘している。

①「能力」が足りなかった
②「努力」が少なかった
③「問題」が難しすぎた

④「運」が悪かった

さてあなたは、このなかではどのように考える習慣を持っているだろうか。

それを明確にしたうえで、それではあなたの子どもや部下や上司など、周りの人はどうだろうかと、普段の会話などからざっくりと診断してみてほしい。

ワイナーは、この4つの「どこに」原因を持っていくかによって、その人のモチベーションや行動が大きく変わることを唱えている。

この理論は、専門的には「**原因帰属理論**（attribution theory）」というものだ。これもまた、この章の大枠である、アトキンソンの「期待×価値理論」と同じく、シンプルで説得力があるものだ。日本でも、奈須正裕氏をはじめとして、この理論から派生した研究を深めている心理学者は数多い。

では、この4つのなかで、原因をどう考える人が、メンタルヘルスやモチベーションにおいて最強であるといえるのだろうか（図）。

■失敗の４つの要因を考える

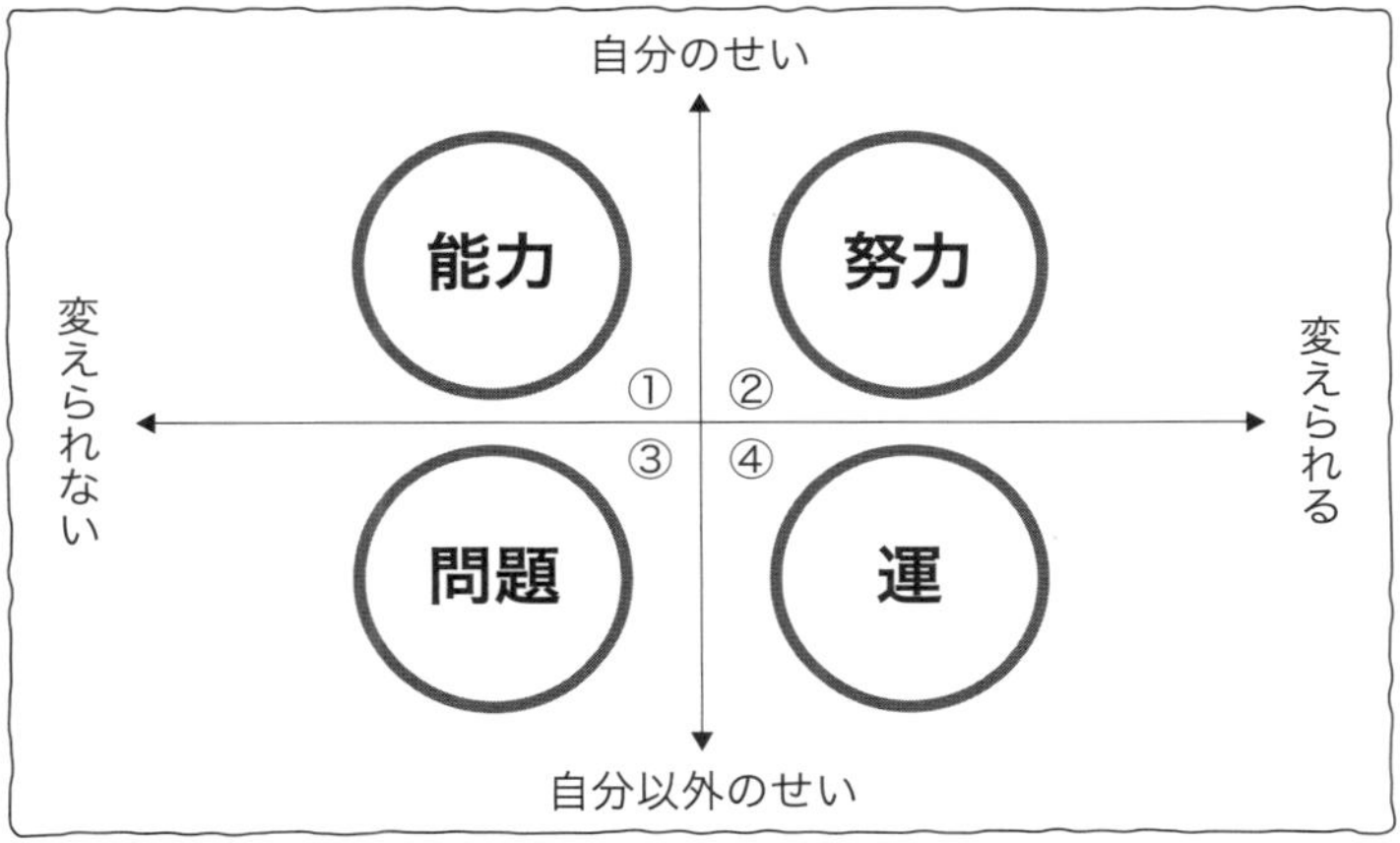

●失敗は誰のせい？

ワイナーの理論を見ると、この４つはそれぞれの性質として**「自分のせいか？」**、それとも**「自分以外のせいか？」**ということによって分類される。

たとえば、**①の「能力」や②の「努力」が足りないと考えるのは、あくまでも自分のせいでうまくいかないという考え方だ。**

それに対して、**③の「問題」の難しさや④の「運」が悪かったからと考えるのは、そもそも自分のせいではないという考え方になる。**

この分け方によると、どれが生産的な考え方だろうか。

それはもちろん、「自分のせいである」

と考える人のほうが、「それを変えるのは私しかいない！」と思えるわけだから、生産的だろう。

つまり、「能力」か「努力」に原因を求める考えグセのある人のほうが、「問題」や「運」に思いを馳せる人よりも、充実感を持って伸びていく可能性がある。

人のせい、周りのせいにする考え方をしている限り、やる気も充実感も、そもそも持てるはずがない。まずは、他人の問題ではなく「自分の」問題と思わせることが、やる気アップには必要ということだ。

◉それは変えられそう？

さらに、もう一つの分類をワイナーは唱えている。この分類との組み合わせが、この理論のキモとなるところだ。

それは、実際のところ自分で**「変えられることか？」**、それとも**「変えられないことか？」**という点である。

変えられるか・変えられないかという観点で、もう一度4つの○○を見直してみよう。**①の「能力」はそもそも変えられない気がするものだが、②の「努力」だったら、**

これから自分でどうにか変えていく余地がありそうだ。③の「問題」の難しさは、そもそも他人が用意することだからどうこうなることではないが、④の「運」だったら、次回はまた変わっていそうな気がする。

この分け方だと、どちらのほうが生産的な考え方だろうか。

それはもちろん、「変えられそうなことだ」と考える人のほうが、「じゃあなんとか切り開いていこうか！」と思えるわけだから、生産的だろう。

つまり、「努力」か「運」に原因を求める考えグセのある人のほうが、「能力」や「問題」に思いを馳せる人よりも、充実感を持って伸びていく可能性がある。

こうやって、4種類の「なんのせいか？」を理屈で分類してみると、どう考える習慣のある人が、最も気持ちよく、充実感とともに頑張り続けられるのかが浮き彫りになってくる。

詳しくは次項で整理していくが、まずは、「失敗は○○のせい」の○○に、いったい何を入れながら生きているのかということを、把握したり、確認しあったりすることから始めよう。

この部分を放置したままでは、どんなに好奇心を高めることができても（チャレンジングなものに挑ませたり、フシギな気持ちや矛盾にライトを当てることができても)、まだ十分ではない。

仕事でも勉強でも、実際に何か失敗をしたときに、**「なんでだろう? まあ、そこはいいか!」の繰り返しで終わると、せっかく実りかけた好奇心が膨らまないままにしぼんでしまうからだ。**

4-5 まずは何を反省するべきなのか?

失敗は〇〇のせい。

それは、能力の足りなさか、努力の少なさか、問題の難しさか、運の悪さか……。人はいったい何を悔いたら、やる気がわくのだろうか。次回こそは！　というワクワク感を得られる「後悔の仕方」とはどんなものだろうか。

それを選出するために、まずは理論的に消去法で考えていこう。

◉ワースト1は「能力」

まず最悪なものから消してみれば、「能力」がないという考え方は、どうにも取り柄がないといえる。**なぜなら、「自分のせいで、しかも変えようがない」、そんな考えグセが待っているのは、自責の念と絶望のみとなるからだ。**

なんにしても、失敗するたびに「自分は才能がない」「私には実力がない」などと考えるクセのある人は、新しいことにトライすることができない。

対人関係がうまくいかないときに、「自分のルックスが悪い」「コミュニケーションに不向き」というように、やはり内的で変えられない原因に思いを馳せる人は、しだいに**社会恐怖症**的になっていくのと同じだ。

だから、**もしも子どもや部下が、常にそういった能力のようなものへ失敗原因をもっていくようであれば、それは全力で阻止しなければならない。**根拠はなくとも「そんなことはない！　能力の問題ではない」ときっぱり言おう。

これは第1章で述べたように、「○歳までにこれを習わないと間に合わない」という理論が、なんら心理的な生産性がない（かつ科学的根拠がない）という、私の主張につながることだ。

遺伝だから、脳のメカニズムだから、という話はとても興味深いが、そのたぐいの限界論は人を育てることに役立たない。あなたは、よもや子どもや部下のような、これから育んでいこうとする大切な人の前で、そんな杭を打つような雰囲気を漂わせてはならないのだ。

相手の「才能・能力」に議論をもっていくリーダーがいたとしたら、それはただの害悪である。

ときおり、企業や塾などでそういうシーンを見かけることがあるが、それは相手の役に立たないばかりでなく、社員や生徒は失敗したら絶望しかなくなるのではないかと、大げさではない危機感を抱かされる。

◉ワースト2は「問題」

次によくないのは、「問題」が難しかったから、という考え方だろう。

なぜなら、「自分のせいではないし、変えようもない」——この考え方が待っているのは、テンションの低い無関心さと、傍観者のような生き方であるからだ。

「だってどうしようもないじゃん、ボク関係ないし、何やってもつまらないなあ」という冷めた感情しか導かない。

失敗するたびに、「相手が気難しかったから」「これはテストの問題が悪い」と思っていては(「自尊心」を維持する言いわけにはなるが)、次の行動へのステップアップにはつながらないだろう。

しかも、この考え方をしていると、**世の中を嘆いてばかりで、自分は何もせずにおしまい、という人生を送ることになってしまう。**

そういう意味では、抑うつにもつながってしまう、危ない考えグセなのだ。

あなたがもし、会社や取引先、担任教師や世間の悪口を言っているとしたら、少なくともそれは部下や子どもの前ではやめよう。相手を育てるどころか、うつ病リスクをやみくもに高めるだけである。

◉ワースト3は「運」

それでは、「運」が悪いという考え方はどうだろうか。

これは「自分のせいではないのだけど、次は変わっているかもしれない」という、ずいぶんメンタルに優しい考え方である。

「今回の取引先とは縁がなかった」「戦ったチームがたまたま強かった」、だからアンラッキーだったんです、という考え方は（そんなことを思っている間は実質、何も生まないのはたしかだが）、少なくとも前向きなゆとりの気持ちを生む。

運勢占いで一喜一憂している間は、自分自身を責める必要もないばかりか、「今日はどうかな？　明日はどうかな？」と前向きなムードをキープできる。

なんの実動力も実行性もないのだが、考え方としてはかなり優れている。その点で、「能力」や「問題」よりは、心にとってはマシといえそうな考えグセだ。

◉だからやっぱり「努力」

この消去法を用いれば、最も生産的な考え方は、「努力」が足りなかったという考え方に行き着く。

たしかに、「自分のせいだし、これから変えていけるもの」に原因をもっていく人は、どんどん「じゃあ自分が」「じゃあ今度こそは」と頑張り続けることができるだろう。

営業がうまくいかないのは「足を運ぶ回数が足りなかったんだな」、テストの点がよくないのは「勉強時間が少なかったんだな」……。こんなふうにパッと素直に考えさえすれば、「よし、もっと件数を増やそう。そうしたら次回は成功するんだから」と具体的な希望が持てる。

うまくいかないときに、「能力」や「問題」や「運」の難しさなどを回りくどく嘆くよりも、**単に「努力が足りなかったなあ」とシンプルに思える人だけが、どんな失敗をもポジティブな頑張りへと結びつけていけるのだ。**

そう考えると、全国の小中学校の校訓に必ず「努力」と書かれているのは、あれはかなり正しいということになる。

一見遠回りに見えるが、大人になっても、「さらに努力」とシンプルに考える習慣を持たせることが、「よし次こそは」という気になるためには必要なことだ。

どうやら、会社や家庭で、反省会を長々とやる必要はなさそうだ。「また努力しましょう！　次こそいきましょう！」というシンプルな考え方とかけ声が、次の行動を生み出す。答えはもうわかりきっているのだから。

4-6 失敗しても挑み続けられる秘訣とは？

◉努力が大事とはいっても

前述したように、「努力」というシンプルな言葉を常に頭においている人は、ずっと頑張れる。

たしかに、立派な生き方をした偉人伝などを読むと、「人間は死ぬまで努力」というタイプの人だらけだ。そしてこれは先の**「原因帰属理論」**からしても、間違いのないことである。

とはいえ、実際にこういう考え方を子どもや部下などに対して促そうとすると、意外と難しいのも事実であろう。あなた自身も、常に自分は努力不足とばかり思いながら生きていくのはしんどいだろう。

それは、「反発心」の問題が頭をもたげるからである。

「努力が大事だなんて、小さいころからわかっているし……」「努力すれば大丈夫なんてキレイごとじゃん」という**リアクタンス**（拮抗する心）が、誰の心にもあるということだ。いくら理論では合っているからといって、そんな正論を押しつけられるのはうっとうしいし、誰しも閉じた気持ちになる。

それでも相手に努力を促したいと思うとき、こうした自然発生的な反発心をうち破るにはどうしたらよいのだろうか。

◉痛みはスルーしないで

私は、そういうときこそ、**カウンセリングマインド**を適用することをすすめたい。

私の経験では、クライアントのネガティブな感情に十分により沿うことをしなければ、こちらが一方的に、いくら情熱をもって心理療法を施そうとしてもまったくダメである。

どんなに効果的なカウンセリングをしているつもりでも、相手のほうに1ミリでも反発心や不満があるうちは、「カウンセラーの指針に乗って元気になっていこう」などという気持ちにはなれなくて当たり前だろう。

クライアントではなくとも、**傷ついているときは誰しも心が敏感である。子どもや部下だって、勉強なり仕事なりで失敗をしたときは、はたからそうは見えないとしても、それなりにプライドは傷ついていて、けっこうヒリヒリしているものだ。**

親や上司がその痛みに触れず、完全スルーしたまま「さて努力しようか」という提案をすれば、それは突き放されてしまったような気持ちになって当然だ。そういう心理的な不満や寂しさの鬱積が、ますます反発心を大きくしてしまう。

「あーあ、失敗したなぁ、もうイヤだな」という心のネガティブ感を置いてきぼりにされたまま、次へと向かわされる心。その行く先は、まさに孤独である。

孤独がやる気をはばむのは、先の章でも述べたとおりである。

◉「運」の有効活用

そういうときにぜひおすすめしたいのが、最も望ましいとされる「努力」の前に、先ほど「考え方として優れている」と述べた、「運」を前もって全力投入するという合わせ技である。

たとえば、子どもが試合で負けて帰ってきたとき。もしもニコニコしていたとしても、笑顔の奥には大きなショックがあるのだ。だから、「今回ばかりは、勝利の女神がついていなかったなあ」「これに関しては、巡り合わせの問題だったねえ」などと、一度、運命のせいにしてあげよう。

それには、誰しも聞く耳を持つ。先述したように、**運は最もメンタルに優しい考え方**なのだから。

私の場合だったら、たとえば深刻なトラウマを抱えたクライアントにこそ、その悲しみの内容に踏み込む前に、「なるほど、そういう星回りもあるんですね」とか「神様はあなたをそんな目にあわせたんですね」とか「そんな試練に巡り合ったんですね」などと、(あらためて活字にしてみると) 非科学的きわまりない声をかけている。

しかし、**そういう「そもそもはあなたのせいではない。しかし、これから変わるもの」という要素を持つ「運」に言及するのは、一見無責任に聞こえるかもしれないが、心に傷を負った人をおおらかに包むことができる。**

部下や子どもの失敗には、まずは一緒に、このたびの運命をはかなんであげよう。そしてできれば、まあ一晩くらいはゆっくり寝てもらおう。そのほうが、育てる側のあなたにとっても実は効率的なのだから。

そして、そろそろリラックスしてきた頃かなと見計らったところで、「じゃあ次こそ、もっと練習を増やしてみようか」「よし、今度のプレゼンはもっと気合い入れて準備しろよ」と声をかけてみる。そうして「努力」のベクトルへと導くことができたら、そのときには誰しも、心から素直にうなずくことができるはずだ。

ネガティブを心から共感してくれた人の言葉は、すみやかに届く。

これは難しいことではない。**「運」と「努力」という2種類のメンタルケアを意識すれば、相手は「もっと自分でやってみたい！」と充実感を持って頑張れる。**あなたのかける声で、その成功確率がぐっと高まるのだ。

くどいようだが、あくまでも注意したいのは、これは合わせ技だからこそ成立するもの。ただ、運命をはかなんで終わってはまったく意味がない。あくまで「努力」を促すための助走として、ときには「運」が有効利用できるという話である。

4-7 努力が報われなかった人をどう励ますのか？

◉努力家のパラドックス

シンプルに努力を促すのが、一番ポジティブな反省のしかた。相手が失敗したら、運が悪かったと元気づけてから、さらなる努力へと導くのがリーダーの役割である。しかし、これが成り立たないケースがある。

それは、相手がすでに「とんでもない努力家」であったケースである。「いやいや、私はずーっと努力しているんだけど……」という場合。

「努力不足だったね～」というあなたのかけ声は、完全に宙を舞うだろう。

宙を舞うだけで済めばよいのだが、努力家に対して「でも、もっともっと努力しよう」と言い続けると、実はメンタルを壊してしまう危険性すらある。
それは、「こんなに努力しているのに、それでもまだ努力が足りないということは……」と本人が考え続けた先に行きつくのは、「自分は完全に能力がないわけ？」という考え方になってしまうからだ。

理論的に最もよいはずの、「努力」が足りないという考え方。これを、すでに努力している人にさらに言い続けると、その人は、理論的に最も悪い「能力」へと、自分の失敗理由を求めるようになる。

このパラドックスに、注意しなければならない。

勉強でも仕事でも、この人はこの人なりに全力投球しているんだな……、という様子を見ているのなら、それに関してはもう努力という言葉は引っ込めるべきである。

努力したことに対して「まだ努力が足りない」と言い続けることは、言い換えれば「もしかして才能がないんじゃない？」という意味の刃物を突き刺すことと同じになる。

努力家がうつ病になってしまうのは、本人なりの努力に気づいてもらえず、周りが「もっとやれるはずだよ。もっともっと頑張ろうね」と励まし続けた結果、「自分は、よほどダメな人間なんだ」と思い込んでしまうことに起因する。

◉方法をコロコロ変えよう

したがって、子どもであれ部下であれ、努力家が何か失敗したときには（まずは「運」のせいにして落ち着かせた後で）、「テスト勉強の『方法』がベストじゃなかったのかな？」「次回は『やり方』を変えたらどうだろう？」ということにしてあげるとよい。「ということにしてあげる」というよりも、これは実際問題として、たくさん頑張ってもうまくいかなかった場合、その理由のほとんどは「方法が間違っていたから」である。

なぜ方法を変えさせることがよいかというと、実は「方法」は「努力」と近い性質のものだからだ。どこが近いかというと、両方とも「自分のせいだし、これから変えていけるもの」である。

だから、「よし、今度はやり方を変えて、結果を出していくぞ！」という明るい気持ちにつながりやすいのだ。

なお、実際に新しい方法が本当にうまくいくかどうかは、ここではさほど重要ではない。とにかく、「いつも水曜日に営業まわりしてるのを、金曜日に変えてみる？」とか「いつもご飯のあとに勉強してるけど、ご飯の前と後に分けてみる？」というように、**それで本当に成績が上がるかどうかはともかくとして、大切なのは「方法を変える習慣」をつけさせることだ。**

努力が大切なのは言うまでもないが、「方法を変えればなんとかなるかも」と思える人は、より逆境に強い。失敗をしても「今度はやり方を変えるぞ！」と探る姿勢で前を向いていられるので、心が明るいのだ。

あなたは、まだ頑張りが足りない部下にはシンプルに努力を促すことが大切だが、もし当人が十分努力家であった場合は、その方法に目を向けさせてあげよう。そこに「運」という要素を取り入れながら励ましてあげれば、相手の「もっと新しいことを」というワクワクした好奇心が育ちやすくなる。

新しいことを求めるのか、それとも古いことにこだわるのか。その心は、あなたの言葉によって伸びたり縮んだりするのだ。

4-8 「自分こそが主人公」と思わせるには？

◉チェスを指しているのは誰？

人生の主役は誰なのか。

「それは自分だ」と思えている人は、幸福感とやる気をもって、どんどん新しいことに挑んでいける。「自分は人の役に立っているんだ」という強い貢献感を持つことができる。

心理学者ドシャームは、**人間のタイプをチェスの「コマ」か、その「指し手」かに分けて表現している。コマのことを「ポーン（pawn）」、指し手のことを「オリジン（origin）」と呼ぶ。**

「ポーン型人生」を送る人は無気力になって当然だが、反対に「オリジン型人生」

■自分は「コマ」か「指し手」か

を送る人は充実感にあふれているという理論だ（図）。

たしかに、自分をポーンだと思っている限り、どうせ決めるのはよその人という認識のままだが、オリジンだと思っている人は、どうふるまうかは自分の決定でいかようにも変えられる！　という認識を持てるだろう。

だから、**オリジンの人だけが、自分は社会に役立っているという「貢献感」を強く抱くことができる。**

あなたの子どもや部下は、ポーン型だろうか、それともオリジン型だろうか。そしてあなた自身はどうだろうか。

これは、あくまでも「心」のなかで決め

るものである。政治家や社長や教師だからオリジン型だとか、秘書やアシスタントや平社員だからポーン型とか、そういう問題ではない。

たとえば大企業の社長であっても、「景気が悪いし、政府の経済政策もまずいから、経営は厳しい」というポーン的な考えの人は少なくない。景気や政府がチェスの指し手で、社長はそのコマのような心理になってしまっているのだ。

一方、平社員の立場でも、「最近のマーケットの動きから見ると、これからはこんなニーズが出てくるに違いない。次の企画会議で提案してみよう」という感じの、きわめてオリジン的な意識の人もたくさん存在する。

私がよく行くスーパーマーケットのレジ係にも、なんとなく2つのタイプがいる。「これは最低限しないとクレームが出るから」「店長がうるさいから」というポーン型でしぶしぶ働いている感じの人もいれば、「この行列をさばくのは私の腕しだい」「ちょっとした気配りでこんなに効率アップ」という感じで、すごくオリジン的に働いている人もいる。

どちらが躍動的に、貢献感を持って働けているかというと、間違いなく「私しだい」

「主役はボク」というオリジン型の考え方をしている人だ。仕事においても勉強においても、そういう人はやりがいを見出しやすいだろうし、途中でめげることなく長く続けることができるだろう。

◉ゲームに参加させる

つまり、あなたは子どもや部下を、「自分はオリジンだ」と思い込ませることが必要となる。「あなたしだいなんだ」「あなたに決めてもらいたいんだ」というメッセージを届け続けなければならない。

そのための方法としては、たとえば上層部の企画会議や、いままでは大人だけで話し合っていた家族会議に、部下や子どもを「形だけでもいいから参加させる」ことが効果的である。

部署やチームの会議であれ、町内の話し合いであれ、生徒会であれ、選ばれた「上層部」として固まらずに、意思決定には「子どもであろうが新人であろうが、全員が関係ある」という姿勢を見せることである。

実際問題として、子どもや新人の意見が出ないとしても、ただ参加させるだけで十分である。また、出された意見が、現実に取り上げられなくてもよい。

ただ、いちいち意思決定の場に参加させることで、応分の責任感、応分の連帯感を刷り込むことが目的なのだ。

私の場合は、たとえば精神疾患のクライアントが入院治療するとなったとき、その治療計画やかかる費用などを、家族とだけ密やかに話すことはしない。たとえ、クライアントが小さな子どもであっても、その話し合いには、本人を参加させるようにしている。

これは私の問題だ、自分が大きくかかわっているんだ、というオリジン感がないと、どうしても病いは治りにくいからだ。

ときに、「親だけで決めてあげればいいことなのに、幼い病人を巻き込むのは可哀想」という意見もあるが、それは治療者側のエゴである。「あなたはコマにすぎないのだから、治療者の言うとおりにしなさいね」という空気のなかで、人の心は元気になれない。子どもも大人も同じである。

「どうやって元気になっていこうか？　どうしたらいいと思う？」と、治療者から一人前の対象として尋ねられるなかで、「主人公は自分」と確認できる。

クライアントに「つらいけど頑張ってみよう」という光が見えてくるのは、「あなたがオリジンなんですよ」という認識が行き届いたときなのである。

◉オリジン力を育てる

こういう話を経営者にすると、「でもうちには、どんなに意見を求めても、いいアイデアを出せるような優秀なヤツがいない」と嘆く人が多い。

その気持ちはわかる。私も、大学で授業をするときなど、若い学生に意見を求めてもラチが明かないなあ、とめげそうになることはある。

しかし、だからといって、そこに思い切って踏み込まなければ、いつまでたってもメンバーはいいアイデアを出せるようにはならない。子どもだって同じだ。

これまで、アイデアを求められるような経験や、大事な意思決定を託されるような機会がまったくなかったから、「自分はどう思うか？」というような思考訓練をしてこなかっただけではないだろうか。

その結果、求めに応じてすぐにアイデアを出せるほどに優秀な人材が育ってこなかったのではないだろうか。

相手の未熟さを嘆いて終わらずに、すぐには意味がなくとも、とにかく参加させよ

う。もっと考える機会を与えて、実際に役立つかということ以上に、「貢献感」を育てていくことを考えたい。

たしかに、一定のリスクや苛立ちは伴うものだが、そこに挑戦するリーダーによってのみ、人は内発的な意欲を燃やし続けることができるのだ。

4-9 「自力でやりたい心」に火をつける言葉とは？

◉みんなシアワセ

何百人も人を集めて、男性にはこの集団での自分のハンサム度を、女性には自分の美人度を評定してもらう実験がある。

たとえば「今日会場にいる５００人のなかで、あなたは何番目くらいと思うか」という具合に聞いて、こっそり投票してもらうのだ。

これは日本でも欧米でも同じ結果が出ているのだが、なんと半数以上の人が、「自分は上位１００人くらいのなかにいる」と記載する。半数の人が上位１００人に入ることは理論的にはあり得ない。

しかし、ここからわかるのは、多くの人は理論など関係なく、自分に対してずいぶ

んと前向きな評価をしているということだ。

心理学では、このような理論からはずれた前向きな自己評価のことを、「**ポジティブ・イリュージョン**（positive illusion）」つまり「**前向き幻想**」と呼び、程度の差こそあれ、人間の持つ一般的な傾向であることが指摘されている。

◉カン違いに追い風を

つまり、人はみなどこかカン違いをして生きているということだ。**このカン違いを、親や先生や上司は、決してつぶすことなく、どんどん引き伸ばしてあげるべきである。**

なぜなら、趣味や恋愛など、もともと関心が強いことに対しては、人はなんとしても「イケていると思いたい」ので、カン違いでもハッピーに過ごすことができるのだが、こと仕事や勉強になると違ってしまう。

あまり関心のないことには、べつに「私ってスゴい！」と思わなくてもかまわない。どうでもいいことにおいてはクールな気持ちでいるので、そこでカン違いをするのは難しいのだ。

だからあなたは、仕事や勉強といった場面において、相手のポジティブ・イリュージョンを積極的に育ててあげることが重要なのだ。

「調子に乗るな」「過信するなよ」と注意することはあるだろうが、それが口ぐせのようになっている人は、とてももったいないことをしている。カン違いの持つパワーをつぶしているのだから。

ポジティブ・イリュージョンが強ければ、たとえ事務的で単純な業務をしていても、「自分は重要な任務を任されているんだ」という、張りきった気持ちで最後まで乗り切れる。

それに、試合、テスト、面接、プレゼンなどは、(普段の努力もさることながら)その瞬間、その現場での一発勝負の力や勢いが求められる。このような勝負に出ていく場合、自分の解答や販売商品への絶対的な自信、プレゼン内容への理不尽なほどの思い入れなくして、どうして相手の心をつかむことができるだろうか。

少々カン違いなところがあっても、ポジティブに、自信過剰なくらいの心になるように導くのがリーダーの務めである。

◉自分で選んだのは最高のモノ

では、どうしたら人のポジティブ・イリュージョンを、仕事の場面でも育てることができるだろうか。

もちろん、「あなたはすごい！」「君はできる人」と毎日言ってあげるのもよいが、あまりにも親や上司がおべっかを使うのは、何か裏があるようで、お互いに居心地がよくないだろう。

心理学の理論で考えると、とにかくなんであっても「自分で選ばせる」という習慣をお勧めしたい。とはいっても、選ばせるのはあくまで「儀式的な」意味合いでかまわない。実際に相手が選んだとおりの提案で、勉強や企画を進めるかどうかは別問題だ。人は、自分で選ばせてもらう体験をしたら、「これはきっとよい結果につながる」という信念を持てる。

だから、本人に選択させる儀式を通過すれば、相手は「自分が関係あること」「自分しだい」という貢献感を持ち、明るいポジティブ・イリュージョンを持って参加できるのだ。

「君、どう思う?」「あなただったらどうする?」「どれがいいと思う?」——話を進めるたびに、一度手を止めて、子どもや部下に話題を振ろう。ものごとへ関わる態度が変わってくるはずだ。

私の例で恐縮だが、たとえば1000人以上の学生や社会人に対して講演をするとき、自分だけが悦に入って一方的に話していると、どんなに声を張り上げても退屈されてしまう。

いくら私が用意周到に話題を組み立てているからといって、それは聞き手には関係のないことだ。

相手の感情を置いてきぼりにしていたら、「自分に関係ない話」と感じられてしまうのは当然だろう。一体感、充実感、貢献感といった感情交流のない時間は、お互いにつらい時間となってしまう。

なので、私の場合は、1000人の意見が聞けるはずはないとわかっていても、だいたい10分に1回は、「ここまでの話、どうですか？」「この話を続けましょうか？話題を変えたほうがいいですか？　どちらにしましょう？」などと、できるだけ聞き手に尋ねるようにしている。

それで明確な回答が返ってこなくても、うなずいたり、首をふったり、少し笑ってくれたりするだけで十分なのだ。

講演会の司会者さんなどは、「先生が何度も議論を振ってくれているのに、質疑がなかなか出なくて申し訳ない」などといたく恐縮されるのだが、それはまったく重要ではないから大丈夫なのだ。

私はただ「意見を求める」という行為によって、**「あなたに話しているんですよ」「あなたとつくる時間なんですよ」という貢献感、一体感を伝えたいだけなのである。**

そうすると、つたない講演であっても、前向きに能動的に聞いてくれる空気ができるのだ。

必要がないと決めつけずに、とりあえずは「どう思う？」と軽く聞く習慣を身につけることをおすすめしたい。

◉自分にさせてほしい本能

ポジティブ・イリュージョンという現象について、いくつか補足したい。

「イリュージョン」というくらいだから、たしかにカン違いではあるが、これが機能しているのは、実はメンタルが正常であることの証しである。

心理学者ランガーは、「自分で選んだらうまくいく」「自分が関わっているものはよいもの」と感じる心のことを「**コントロール・イリュージョン**（control illusion）」と呼んでいる。コントロールの「幻想」ということだが、誰にでもある感情だ。

たとえば、同じ宝くじでも、人に買ってきてもらうよりも、自分で並んで買ったほうが当たりそうな気がするだろう。

サイコロを振って何か大事なことを決めるとなれば、そのサイコロを他人に「振っておいて」とあずけるのは嫌だろう。

私だったら、「頼むからぜひ自分に振らせてほしい」と懇願すると思う。そのほうがよい結果が出ると思うからだ。

しかし、実際の確率統計上は、誰が宝くじを買いに行っても、誰がサイコロを振っても結果が左右されることはない。

だから自分で振りたがる気持ちはたしかに幻想なのだが、人の感情としては自分でやらなければ気が済まないものだ。

◉正しい判断ができる人はうつ病リスクが高い

さらに、心理学者ゴリンは、こうした感情はたしかに幻想ではあるが、その幻想がいかに私たちの心の健康に役立っているかということを実証している。

彼は、抑うつ症状で入院している人と、抑うつ症状のない人を分けて、それぞれのグループに「サイコロを自分で振る場合と他人が振る場合で、どちらがよい目が出そうか？」ということを予測してもらっているのだ。

その結果、抑うつ症状のない人は、例によって「自分で振るほうがいい目が出るに決まっている」と幻想を抱くのだが、抑うつ的な人は「どちらも変わらないだろう」と正しく判断することがわかったのだ（図）。

これは、興味深い結果である。

■どちらがよい目が出そうか

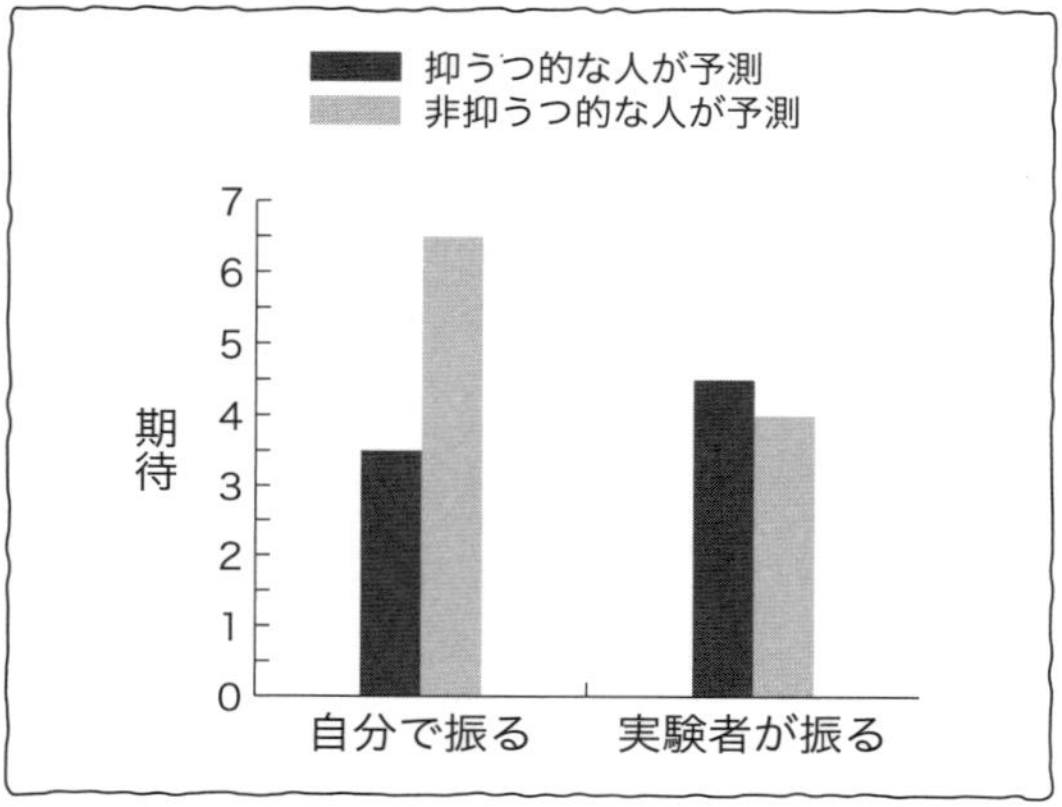

世界をしっかりと見すえて、状況を正確に把握している人たちが、抑うつで入院しなければならなくなっているのだ。

一方、元気でいる人たちはというと、みな錯覚や幻想のなかで生きている。

「現実を見ろ！　カン違いをするな！」という育て方は、抑うつとリンクする。

現実がどうかはさておき、「あなたが決めたことだから大丈夫」「貢献しているのはあなた」という育て方をするほうが、仕事や勉強へのやる気を高めるのみならず、メンタルを強くすることにもつながるのだ。

4-10「自分がしなくて誰がする!」という心を育むには?

◉SNSが楽しい理由

きれいな写真や面白い動画などをＳＮＳに投稿しあう。これは老若男女を問わず、世界中でのコミュニケーションの場となっている。

友人だけでなく、見知らぬ誰かにも個人的な情報を見てもらう。それはワクワクするし、なんだか楽しいと感じることだ。

なぜ楽しいのだろうか。

その１つは、「**承認欲求**」が満たされるチャンスが豊富にあることだろう。

人は生まれたときから、ほめられたい、肯定されたいという気持ちを持っている。「いいね！」の数とか、閲覧された回数などによって、普段はなかなか得ることが難しい**自己肯定感**を、ネットはすぐに満たしてくれる。

さらに、常にほめられるわけではなく、ときには反論を呼ぶことがあるのも楽しさのポイントだろう。「これはヒンシュクを買うだろうか？」「これは炎上するかも」といったリスクもあるので、その分、余計ワクワクするのだ。

しかし、楽しさの理由は、そういう善し悪しの承認欲求だけではない。

もしたとえ「いいね！」という評価を得られないとしても、人はただ「誰かが私を見ている」と思うだけで、元気になれるのだ。

その評判が善かれ悪しかれ、実はどちらでもかまわないという心理がある。自分がここに存在していることが、誰かに「認知されている感覚」を人は強く求めるのだ。

◉ただ見られている喜び

心理学では、こういう現象を「**観察者効果**」と呼んで重視する。

たとえば、ある工場での実験は、賃金、照明、湿度、温度という環境がよいかどうか、ということよりも、監督者と労働者の人間関係がよいかどうかのほうが、やる気に大きく関わることを示している。

同じように、医師と患者との信頼関係が強いほうが、病気が治りやすくなる傾向がある。自分のことを丁寧に診てくれている、という「認知されている感覚」はそれだけで励みになる。すると、治したいと強く思える。

その結果、たとえば食事療法を積極的に行なったり、検査に協力的になったりと、行動が前向きに変わるからである。

あなたの子どもや部下は、「どうせ、誰も自分のことを気にしてない」と決めつけてはいないだろうか。

もしそうだとしたら、あなたがどんなに熱心に勉強や仕事を教えたとしても、リアルの世界で頑張ってみようとは思わないだろう。

あなたよりもSNSのほうが、「キミを見ているよ」というメッセージをすぐにくれるのだから、そちらのほうが魅力的であり、人として貢献感を抱くのは当然だ。

ネットの世界には、観察者効果がふんだんにある。

だから、あれこれと試行錯誤して写真をアップする甲斐がある。

しかし、見ているかどうかいまひとつピンとこない先生や上司のもとでは、工夫して頑張る甲斐などない……、こうなってしまうのは自然な流れだろう。

◉「…って聞いたよ」の魔力

観察者効果を出すためには、「私はあなたのことを気にかけています」というメッセージを十分に伝えなくてはならない。

これは明白なことなのだが、かといって、じかに「見ているよ」「関心を持っているからね」と言うのも、かえって閉塞感を与えてしまいそうだ。

私自身、よかれと思って「見ていますからね」とかけた言葉が、逆に相手のプレッシャーとなってしまった失敗が多々ある。見張られているように伝わるのは、こちらとしても不本意だ。

しかし、次のような言葉はすんなり受け取ってもらえる。

「あなたの努力を、○○さんが評判にしているよ」「君は素晴らしいらしいね。噂を聞くよ」というようなかけ声。**つまり、誰かをバウンドさせて、間接的に励ますような言葉である。心理学では、これを「間接効果」と呼ぶ。**

他の例でいえば、「私はあなたのことを好きです」と直接言われるのも嬉しいが、それ以上に、「Aさんはあなたを好きだって」「もっぱらの噂よ」と他人から間接的に伝えられるほうがドキドキする。

上司からじかにほめられるのも嬉しいが、「すごくほめていたよ」と同僚から聞くほうが、さらにインパクトがある。

SNSでは、「きちんと見てくれている」という観察者効果にプラスして、この、「どこの誰だかわからないけれど、『いいね！』らしい」という間接効果がうまく機能しているようである。

じかに承認される以上に、「話題になっているらしいよ」と間接的に承認されるほうが、自分が大きな存在であり、社会と広くつながっているという貢献感を意識させるものだ。

承認欲求と間接効果を、ネットばかりに預けてしまうのはもったいない。会社や家庭といったリアルな人間関係のなかに意識的に生かそう。

真偽はともかくとして、「あなたは話題の人なんだよ」「いろんな人からほめられているよ」と伝えることは、人の心を明るくはずませるものだ。

子どもでも大人でも、貢献感を支えにしてあげることによって、「もっとよい成果を出すぞ。そしてもっと認知度を上げるぞ」というように、さらなる大きな貢献をしたいと願う、ポジティブな感情の流れに乗ることができる。

相手をその流れに乗せられるかどうかは、あなたの言葉にかかっている。

本書のまとめ

本書では、やる気には「短距離のやる気」と「長距離のやる気」があるとし、それぞれの意欲を育てるにはどうしたらよいのか、心理学の理論からまとめた。

短距離のやる気とは「外発的モチベーション」によってつくられるもので、そのつくり方は「アメとムチ」による教育である。

アメもムチも、目先のことをさせるにはとても効果がある。しかし、述べてきたように、うまく使いこなすのは意外と難しい。とても細やかなテクニックがいる。

しかも、アメとムチを使って人を動かす教育を続けていると、むしろ根本的な無気力人間を育ててしまう危険性が高い。

だから、「いままで私はこの教育しかしていないな」と感じた人がいたら、そろそろ考え直したほうがよい。

新しい「人の育て方」に目を向けるときがきたのだ。

長距離のやる気とは「内発的モチベーション」によってつくられるもので、そのつくり方は「期待と価値」の教育にある。そのなかでも、価値とは「好奇心と貢献感」によってつくられる。

本書では、この「内発的にわき起こるやる気」という複雑な心理を育むには、どんな働きかけをしたらよいのか、心理学の理論から紹介した。

こちらの教育には、「アメとムチ」のような副作用がない。また、根本的な考え方やもののとらえ方をポジティブに導くことなので、これを身につければ目先のことではなく、一生モノとなる。

その分、この教育は一見とても難しく、教育の専門家にしかできないように感じられる。しかし、本書を読めば、その印象が少し変わったのではないだろうか。

紹介したのは、目標のつくらせ方、矛盾への気づかせ方、失敗したときの反省法、貢献感を味あわせる言葉がけなど、ふだんの会話やあなたの指示のしかたに取り入れることによって、どんどん変えていけることばかりである。

何度も述べるが、やる気を育てることに手遅れはない。アメとムチに頼った教育からは脱却しよう。そして、「人間はもともと、パンのみに生きるものではない。自分の心から、自分の力で、頑張りたい生き物である」という、新しい人間観のもとでの教育に切り替えていくことをすすめたい。

やる気を育てることは、人の心を育てることである。生き方を変えることである。そしてそのやる気は、物理的な理由ではなく、あくまで心理的な理由によって支えられ、膨らんだり縮んだりするものだ。

本書が、あなたの周りの人のみならず、あなた自身の「やる気」を鼓舞するきっかけとなることを心から願います。

また、末筆になりましたが、日本実業出版社の松澤伸彦氏には、本書の企画から編集まで大変な労をとっていただきました。執筆にあたり、私の「やる気」の伴走者になっていただき、心よりお礼申し上げます。

植木理恵

塾大学出版会

Heron, W. (1957). The pathology of boredom. Scientific American, 196, 52-56.

Lepper, M. R., Greene, D., & Nisbett, R. E. (1973). Undermining children's intrinsic interest with extrinsic reward: A test of the “overjustification” hypothesis. Journal of Personality and Social Psychology, 28(1), 129-137.

Hiroto, D. S. (1974). Locus of control and learned helplessness. Journal of Experimental Psychology, 102(2), 187-193.

鹿毛雅治、奈須正裕（編著）、『学ぶこと・教えること　学校教育の心理学』金子書房、1997年

鎌足雅彦・亀谷秀樹・樋口一辰（1983）人間の学習性無力感（Learned helplessness）に関する研究．教育心理学研究，31，80-95.

鎌足雅彦（1985）学習性無力感の形成と原因帰属及び期待変動について．東京大学教育学部紀要，25，41-49.

マーティン・セリグマン、（監訳）宇野カオリ『ポジティブ心理学の挑戦　“幸福”から“持続的幸福”へ』ディスカヴァー・トゥエンティワン、2014年

M.E.P.セリグマン、（監訳）平井久、木村駿『うつ病の行動学—学習性絶望感とは何か』誠信書房、1985年

中谷素之（編著）『学ぶ意欲を育てる人間関係づくり—動機づけの教育心理学』金子書房、2007年

奈須正裕（1989）Weinerの達成動機づけに関する帰属理論についての研究．教育心理学研究，37，84-95.

奈須正裕（1990）学業達成場面における原因帰属，感情，学習行動の関係．教育心理学研究，38，17-25.

西林克彦『わかったつもり　読解力がつかない本当の原因』光文社新書　2005年

Rotter, J. B. (1966). Generalized expectancies for internal versus external control of reinforcement. Psychological Monographs: General and Applied, 80(1), 1-28.

Rosenthal, R. & Jacobson, 1968 Pygmalion in the classroom, Holt, Rinehart & Winston.

Rotter, J. B. (1993). “Expectancies”. In C. E. Walker (Ed.). The history of clinical psychology in autobiography (vol. II). Brooks/Cole. pp. 273-284.

Seligman, M. E., & Maier, S. F. (1967). Failure to escape traumatic shock. Journal of Experimental Psychology, 74(1), 1-9.

Seligman, M.E.P. (1991). Helplessness: On Depression, Development, and Death. Second edition. New York: W.H. Freeman.

植木理恵（2000）学習障害児に対する動機づけ介入と計算スキルの教授—相互モデリングによる個別学習指導を通して　教育心理学研究，48，491-500.

植木理恵・清河幸子・岩男卓実・市川伸一（2002）テーマ学習における自己制御的活動の支援—地域における実践活動から　教育心理学研究 50, 92-102.

Weiner, B., Frieze, I., Kukla, A., Reed, L., Rest, S., & Rosenbaum, R. M. (1971). “Perceiving the causes of success and failure.” In Edward E. Jones, David E. Kanouse, Harold H. Kelley, Richard E. Nisbett, Stuart Valins, Bernard Weiner (Editors), Attribution: Perceiving the Causes of Behavior. (pp. 95-120). Morristown, New Jersey: General Learning Press.

Weiner, B. (1980) Human Motivation, Holt, Rinehart & Winston, New York, NY.（林保・宮本美沙子（監訳）『ヒューマン・モチベーション—動機づけの心理学』金子書房，1989年）

参考文献

Abramson, L.Y., Seligman, M.E.P. & Teasdale, J.D. (1978) Learned helplessness in humans: Critique and reformulation. Journal of Abnormal Psychology, 87, 49-74.

Abramson, L. Y., Garber, J., & Seligman, M. E. P. (1980) Learned helplessness in humans: An attributional analysis. In J. Garber, & M. E. P. Seligman (Eds.), Human helplessness. New York: Academic Press.

Atkinson, J. W., & Reitman, W. R. (1956). Performance as a function of motive strength and expectancy of goal-attainment. Journal of Abnormal Social Psychology, 53 361-366.

Atkinson, J.W. (1964) An introduction to motivation. Van Nostrand.

Atkinson, J. W. (1974). Strength of motivation and efficiency of performance. In J. W. Atkinson & J. O. Raynor (Eds.),Motivation and achievement . Washington, D.C.: Winston.

Ausubel, D. P. (1960). The use of advance organizers in the learning and retention of meaningful verbal material. Journal of Educational Psychology, 51, 267-272.

相川充・川島勝正・松本卓三 (1986) 原因帰属が学業試験の成績に及ぼす影響-Weinerの達成動機づけに関する原因帰属モデルの検討—教育心理学研究, 33,195-204.

Anderson, J. R.(1980) Cognitive Psychology and Its Implications. San Francisco: W. H. Freeman.

Bandura, A. (1977) Self-Efficacy: Toward a unifying theory of behavioral change. Psychological Review, 84,191-215.

Bandura, A. (1971) Psychological modeling: conflicting theories. Chicago: Aldine Atherton. (『モデリングの心理学－観察学習の理論と方法』金子書房　1985年)

Bandura, A. (1997) Self-efficacy: the exercise of control. New York: W.H. Freeman. (『激動社会の中の自己効力』金子書房　1997年)

Bandura, A. & Schunk, D. (1981). Cultivating competence, self-efficacy, and intrinsic interest through proximal self-motivation. Journal of Personality and Social Psychology, 41, 586-598.

B. F. Skinner (1948) Superstition in the Pigeon. Journal of Experimental Psychology, 38, 168-172.

DeCharms, R. C. (1968). Personal causation: The internal affective determinants of behavior. New York: Academic Press.

Deci, E.L. (1975). Intrinsic motivation. New York: Plenum Publishing Co. Japanese Edition, (Tokyo: Seishin Shobo, 1980)

Deci, Edward L. (2006). Ryan, Richard M., ed. The Handbook of Self-Determination Research. University of Rochester Press.

Deci, E.L. (1980). The psychology of self-determination. Lexington, MA: D. C. Heath (Lexington Books). (Tokyo: Seishin Shobo, 1985.)

Dweck, C. S., & Reppucci, N. D. (1973). Learned helplessness and reinforcement responsibility in children. Journal of Personality and Social Psychology, 25(1), 109-116.

Dweck, C. S. (1975). The role of expectations and attributions in the alleviation of learned helplessness. Journal of Personality and Social Psychology, 31(4), 674-685.

藤田統 (1967) スキナーのティーチング・マシンとその概念　教育と医学 15(9), 4-9, 慶應義

植木理恵（うえき　りえ）
心理学者、臨床心理士。東京大学大学院教育心理科修了後、文部科学省特別研究員として心理学の実証的研究を行なう。日本教育心理学会において最難関の「城戸奨励賞」「優秀論文賞」を史上最年少で連続受賞。現在、都内総合病院でカウンセリング、慶應義塾大学で講師をつとめる。また、「ホンマでっか!?TV」にて心理評論家として人気を博す。
学術的研究にとどまらず、『本当にわかる心理学』（日本実業出版社）、『シロクマのことだけは考えるな!』（新潮社）など、一般向けに心理学を解説した著書多数。

「やる気《き》」を育《そだ》てる！

2018年９月20日　初版発行

著　者　植木理恵 ©R.Ueki 2018
発行者　吉田啓二

発行所　株式会社日本実業出版社　東京都新宿区市谷本村町３－29 〒162-0845
大阪市北区西天満６－８－１ 〒530-0047
編集部　☎03-3268-5651
営業部　☎03-3268-5161　振　替　00170－1－25349
https://www.njg.co.jp/

印刷／壮光舎　製本／若林製本

この本の内容についてのお問合せは、書面かFAX（03－3268－0832）にてお願い致します。
落丁・乱丁本は、送料小社負担にて、お取り替え致します。

ISBN 978-4-534-05621-4 Printed in JAPAN